顾作义　主编

岭南
英烈家书

LINGNAN

南方日报出版社
NANFANG DAILY PRESS
中国·广州

图书在版编目（CIP）数据

岭南英烈家书 / 顾作义主编. — 广州 : 南方日报出版社, 2019.4

ISBN 978-7-5491-1944-8

Ⅰ. ①岭… Ⅱ. ①顾… Ⅲ. ①革命烈士—书信集—广东—现代Ⅳ. ①K820.865

中国版本图书馆 CIP 数据核字(2019)第 284068 号

LINGNAN YINGLIE JIASHU

岭南英烈家书

主　　编：顾作义
出版发行：南方日报出版社
地　　址：广州市广州大道中 289 号
出 版 人：周山丹
责任编辑：阮清钰　吴　蓉
责任技编：王　兰
装帧设计：易　界
责任校对：王　燕
经　　销：全国新华书店
印　　刷：广州市尚铭印刷有限公司
开　　本：787mm×1092mm　1/16
印　　张：15.5
字　　数：180 千字
版　　次：2019 年 4 月第 1 版
印　　次：2019 年 4 月第 1 次印刷
定　　价：48.00 元

投稿热线：（020）87360640　　读者热线：（020）87363865

前 言

翻开历史记忆的书签，那些经历腥风血雨的日子，为了人民，为了民族和国家的美好明天而积极奋身于革命的先烈们，如同一座座丰碑展现在我们面前。让我们去追寻他们的真情故事，去感受他们的高尚情操，去品味他们的忠诚信仰；不论多么危险的处境，他们也决不活得忍辱偷生、苟延残喘，用他们的鲜血筑成了一个美丽的新中国。这些忠贞爱国的革命先烈们，必将在历史的长河里留下我们永恒的敬意和怀念。阅读他们的故事，是我们对人生理想信念的一次庄严洗礼。

本书共选录了47位革命先烈的65封家书。其中包括平常家信、狱中信函、遗书等。书中所选录的先烈家书，均按书信时间的先后顺序编排。每位先烈的家书后面附有背景说明，主要对书信的写作时间、背景、历史意义等加以说明。

这些家书有对子女寄以殷切期望的，如杨殷写给爱女杨爱兰的信中说："你年纪已长，各事都不能像从前那样，除读书外，各事不必沾染，打牌、闲游，看戏等尤万不可做，用钱要省，须知留得一文钱，亦可于无钱时应用，切不可为了要面子，就可多用几块钱。青年人最要不得的事情，穿衣尤须朴实，与人来往要谨慎……”杨爱兰一直遵循着她父亲的叮嘱，对自己严加要求,立志做一位对社会有用的人。

有对妻子诉说衷情的，如张太雷写给妻子陆静华的信中说：“我们现在离开是暂时的，是要想谋将来幸福，所以你我不必以为是一件可忧的事。我们应该在这时期中大家努力做，寻我们将来永远的幸福，这是一件何等快乐的事呵……我发誓我决不负你。”虽然两人不在一起，但夫妻双方都有共同的努力方向，都对明天抱有美好的期望。

有对长辈满怀愧疚的，如黄大钧写给父母的遗书里提到：“儿死矣，不孝儿竟先我父母而死矣。儿之死为革命而死，为革命而死诚得其所，故不悲亡。儿一死能救天下许许多多之父母，许许多多之儿女，儿之死不虚死矣。”先感叹自己先父母而去，未能报答养育之情而忧伤，后又安慰父母，自己是死得光荣，死得值得，看了让人刻骨铭心，不能忘怀。

有战友互相鼓励的，如温生才写给李孝章、李源水、郑螺生的绝笔信中提到：“弟心已决，死之日即生之年，从此永别矣。望君等尽力而行，达目的而后止。”体现了温生才为国赴死的决心，也鼓励战友们不要放弃努力，胜利终将是属于我们的。

…………

这些家书字里行间都透露出烈士们为了国家能富强、人民能当家做主而甘愿付出生命的坚定信念，充分表现了烈士国难当前、舍家为国、视死如归的大无畏精神和对革命前途充满信心的坚强斗志。读完有一种力量让人心潮澎湃，特别适合在新时代的我们阅读和思考，忆苦思甜，想想新社会幸福生活的来之不易，从而提高思想觉悟、提升爱国情怀。

2019年3月

目 录

温生才　死之日即生之年

致李孝章、李源水、郑螺生函（1911年1月18日）　/003

李　晚　任其事而怕死，非丈夫也

致家兄诀别书（1911年3月28日）　/006

林觉民　吾诚愿与汝相守以死

与妻书（1911年4月24日）　/009

致父诀别书（1911年4月）　/014

方声洞　儿虽死亦乐也

致父亲绝笔书（1911年4月26日）　/016

与妻子颖卿书（1911年4月26日）　/019

李炳辉　只缘报国误乌私

写给母亲的绝笔（1911年4月）　/024

喻培伦　欲中国富强，不由实业无以开源

写给父亲的信（一）　/027

写给父亲的信（二）（1910年12月23日）　/030

写给胞妹的信　/032

张太雷　我发誓我决不负你

给妻子陆静华的信（1921年）　/035

李荣熙　贫不足忧，不和实患
写给儿女李月蟾、李士彦及李士钊的信
（1921年1月19日）　／042

廖仲恺　我身虽去灵明在
留诀内子　／046
诀梦醒女、承志儿　／046

冯达飞　忠孝难两全，古今来志士之忍痛
写给树勋学兄的信（1925年3月）　／049

杨若谷　农君，你近来做何种工作?
给杨仲龙的信（遗作）（1926年6月9日）　／053

沈志昂　我俩的心给昨天霹雳的电打在一块了
致妻子汤瑾的信（一）（1926年6月25日）　／057
致妻子汤瑾的信（二）（1926年7月15日）　／059
致妻子汤瑾的信（三）（1926年7月18日）　／064

单懋统　个人能力就是立身的根本
写给侄儿单粹民的信　／068

陆更夫　我将到江西省城去了
给希圣五弟的信（1926年11月6日）　／072

王器民　继我志呵！继我志呵！
给妻子的遗书（1927年6月28日）　／076

钟维元　孩儿立身之世，自应裨益于国家与民族
写给父亲钟雄亚的信（节选）（1927年4月）　/080

沙文求　我想把人生求得一个美满的解答
致嫂子陈修良（道希）（1927年8月22日）　/083
致大哥沙孟海（1927年4月14日）　/088
致五弟沙季同（1928年6月9日）　/094

谭作舟　人之生死有命，非分所能为
给五弟谭作楫的遗书（一）（1927年5月27日）　/097
给五弟谭作楫的遗书（二）（1928年左右）　/099

李锡福　请教康瑞成人，以代余志
给妻子朱汉珍的信（1928年3月）　/101

黄大钧　不孝儿竟先我父母而死矣
给父母的遗书（1928年5月4日）　/104

陈必灿　儿之为此，即所以应天道顺人心
给父母亲的遗书（1928年8月15日）　/107

张云峰　我是笑的死，不是哭的死
给母亲和妻子的绝笔信（1928年10月6日）　/111

杨　殷　穿衣尤须朴实，与人来往要谨慎
写给女儿杨爱兰的信（1928年左右）　/114

彭　湃　我们在此精神很好

致冠生（周恩来）书（1929年8月30日）　/120

给许冰的信（1929年8月）　/124

关泽恩　我希望你们今后不必为利润而奔走

给妈妈徐玉贤的信（1929年12月16日）　/127

李冠南　将来在社会上做一个有用的人

与妹书　/132

徐名鸿　为国牺牲，人同此心

给妹夫倪宏仁妹妹徐雪娇的信（1932年左右）　/136

写给妹妹徐雪娇的信（1925年3月1日）　/138

林基路　儿志愿忠于人群，岂不愿孝于父母?

给父亲的信（1933年2月17日）　/142

阮啸仙　随时随地随事都是书本

给儿子乃纲的信（1933年6月16日）　/146

魏挺群　你到回来不一定能见到我

写给妻子黄宝球的书（节选）（1933年左右）　/150

赖寅僦　勿以儿之故而稍加悲悼

遗书（1934年8月1日）　/153

李友梅　左肩有担当，国耻不可忘

写给妻儿的诗（1937年9月）　/157

谢晋元　为国杀敌，是革命军人素志
给连襟张萍舟的信（1937年10月18日）　/160
给妻子凌维诚的家书　/163

姚子青　丈夫许国，不必相送
给妻子的家书　/166

沈尔七　勿怪儿之不肖，安心教养弟弟
给母亲的信（1938年5月17日）　/169

冼星海　现在天凉了，妈妈珍重
给母亲的家书（1941年9月18日）　/172
致妻子钱韵玲（1941年9月18日）　/174

钟　骞　妈妈的乳汁不会白喂了我的
写给母亲郑容娘的信（1943年9月16日）　/177

余程万　天下艰难唯一死
给妻子的信　/181

余子武　长沙已失守……
给家人的信（1944年6月27日）　/184

张文彬　现在国事严重，无暇返家
致侄书（1941年9月10日）　/188

梁金生　六日相思胜似年
写给妻子姚淑平的信（1945年3月15日）　/193

邓　发　国家未来寄托在你们年轻一辈的身上
给堂弟的信（一）（1946年1月21日）　/197
给堂弟的信（二）（1946年4月8日）　/199

李德光　你须知善处自己即是爱我
给妻子的信（一）（1947年3月26日）　/203
给妻子的信（二）（1947年3月28日）　/205

郑达明　我是晓得珍重自己的
写给父亲的信（1947年2月6日）　/208

朱振汉　你应该欢喜有一个光荣的儿子
写给母亲的信（1948年）　/212

李　卡　我会在梦里听到你洪亮而快乐的高歌
给未婚妻徐云的信（一）（1949年3月9日）　/215
给未婚妻徐云的信（二）（1949年4月1日）　/219
给未婚妻徐云的信（三）（1949年4月5日）　/220

王芝萍　待朝鲜战争决战胜利之后，我当晓返里
从朝鲜寄回的最后家书（1951年6月18日）　/227

岭南英烈家书

温生才 (1870—1911)

字练生，广东梅县人，出身贫苦家庭，幼失怙。1907年加入中国同盟会。1911年4月8日，因刺杀广州将军孚琦后被巡警逮捕。15日被押赴刑场，途中神色自若，毫无怯色，行至惠爱街一带时，对着人群大声喊道："今日我代同胞报仇，各同胞务须发奋做人方好！"既而又说："许多事归我一人担任，快死快生，再来击贼！"遇害后葬于广州黄花岗。

死之日即生之年

因手无寸铁，亦无鬼炮，莫奈何，暂忍。能得手有鬼炮时，一定有好戏看。

致李孝章、李源水、郑螺生函

1911年1月18日

孝章、源水、螺生三志兄鉴：

弟别后返省城，在朋友处暂住，想欲先寻头路栖身，然后缓图心事。看满贱种太无人道，恨火焚心，时刻不能忍。

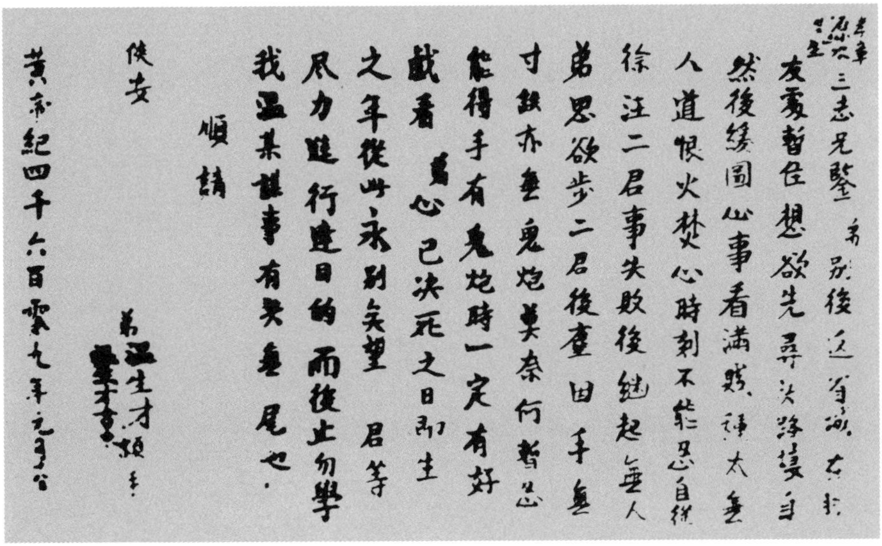
孝章
源水
螺生 三志兄鑒 弟別後返省城在朋
友處暫住想欲先尋頭路棲身
然後緩圖心事看滿賤種太無
人道恨火焚心時刻不能忍自從
徐汪二君事失敗後繼起無人
弟思欲步二君後塵因手無
寸鐵亦無鬼炮莫奈何暫忍
能得手有鬼炮時一定有好
戲看 弟心已決死之日即生
之年從此永別矣望 君等
盡力進行達目的而後止勿學
我溫某誤事有哭無尾也
順請
俠安
弟溫生才頓首
黃帝紀四千六百零九年元月

温生才绝笔书

自从徐（锡麟）、汪（兆铭）二君事失败后，继起无人，弟思欲步二君后尘。因手无寸铁，亦无鬼炮，莫奈何，暂忍。能得手有鬼炮时，一定有好戏看。弟心已决，死之日即生之年，从此永别矣。望君等尽力而行，达目的而后止，勿学我温某谋事有头无尾也。

背景说明

这是温生才写给南洋三个志同道合的弟兄的信件，也可说是一封特殊的“家书”。温生才原来是在南洋谋生，平常多见革命书报，爱国思想油然而生。他心中很仰慕国父孙中山，拜访后即投身于革命。辛亥年（1911年）春，黄兴、赵声等奉国父之命在广州起义，温生才听说后，马上从南洋启程广州，在广州时他写下了这封绝笔书，表达了自己为国赴死的决心。三个月后，他践行了自己的诺言。1911年4月，法人组织远东飞艇社，广州将军孚琦应邀前去观看，正是刺杀的好时机。温生才趁着孚琦回府途中手持五响快枪，向孚琦发射，击中太阳穴、脑门、颈项、身部各一枪，孚琦当场毙命。温生才离去途中被捕，不久就义。

温生才刺杀孚琦漫画图

李　晚　(1874—1911)

广东东安（今云浮）人，中国近代民主革命家。早年辍学，从事耕作。成年后赴香港，习成衣业。因交结志士，渐明革命之义。闻南洋多革命机关，遂辍业出洋，至吉隆坡，加入中国青年会。1899年赴云浮，租腰古墟汛地前民房为革命党人活动之地，遭到缉捕，再下南洋。1911年初随黄兴至香港，组织机关，谋划在广州发动起义。4月27日，参加攻打广州督署，壮烈牺牲。安葬于广州黄花岗，为黄花岗七十二烈士之一。

任其事而怕死，非丈夫也

恳兄代告余妻区氏一言，苦守韬儿，他日继父之志，幸毋忘之。

致家兄诀别书

1911年3月28日

景芝家兄鉴：

敬复者：昨天说及去年余妻区氏与甥往南洋访弟，适因归国，两不相遇。弟此次理应返乡一行，但军情紧急，不出三日，兄便知矣。此行成败不可知，任其事而怕死，非丈夫也。余明知无济，只在实行革命宗旨，决以生命为牺牲，推倒满清，建设中华民国。事成则汉族光明，或败身殉，愿毋我念。恳兄代告余妻区氏一言，苦守韬儿，他日继父之志，幸毋忘之。

此别。谨请

福安！

辛亥年三月二十八日夜

弟晚发手

黄花岗七十二烈士陵园

背景说明

李晚在广州起义前一天给哥哥李景芝写了这封诀别书，以表他“实行革命宗旨，决以生命为牺牲”的决心。信中展示了他建设崭新中国的革命信念和为推翻清朝统治而不惜牺牲生命的决心，并嘱咐兄长代为向妻子传达子继父志的心愿。虽然这封与亲人的诀别书谈到了如果起义失败会“身殉”、抛妻别子，但全篇都充满了革命者无所畏惧的豪情，令人感动。

林觉民 (1887—1911)

字意洞，福建闽县（今福州）人，黄花岗七十二烈士之一。少年之时，即接受民主革命思想，推崇自由平等学说。留学日本期间，加入中国同盟会。1911年春回国，4月24日写下绝笔《与妻书》，后与族亲林尹民、林文随黄兴、方声洞等革命党人参加广州起义，转战途中受伤力尽被俘。后从容就义，牺牲时年仅25岁。

吾诚愿与汝相守以死

吾自遇汝以来，常愿天下有情人都成眷属。然遍地腥云，满街狼犬，称心快意，几家能够。司马青衫，吾不能学太上之忘情也。

与妻书

1911年4月24日

意映卿卿如晤：

吾今以此书与汝永别矣！吾作此书时，尚为世中一人，汝看此书时，吾已成为阴间一鬼。吾作此书，泪珠和笔墨齐下，不能竟书而欲搁笔，又恐汝不察吾衷，谓吾忍舍汝而死，谓吾不知汝之不欲吾死也，故遂忍悲为汝言之。

吾至爱汝！即此爱汝一念，使吾勇于就死也。吾自遇汝以来，常愿天下有情人都成眷属。然遍地腥云，满街狼犬，称心快意，几家能够？司马青衫，吾不能学太上之忘情也。语云：仁者“老吾老以及人之老，幼吾幼以及人之幼”。吾充吾爱汝之心，助天下人爱其所爱，所以敢先汝而死，不顾汝也。汝体吾此心，于悲啼之余，亦以天下人为念，当亦乐

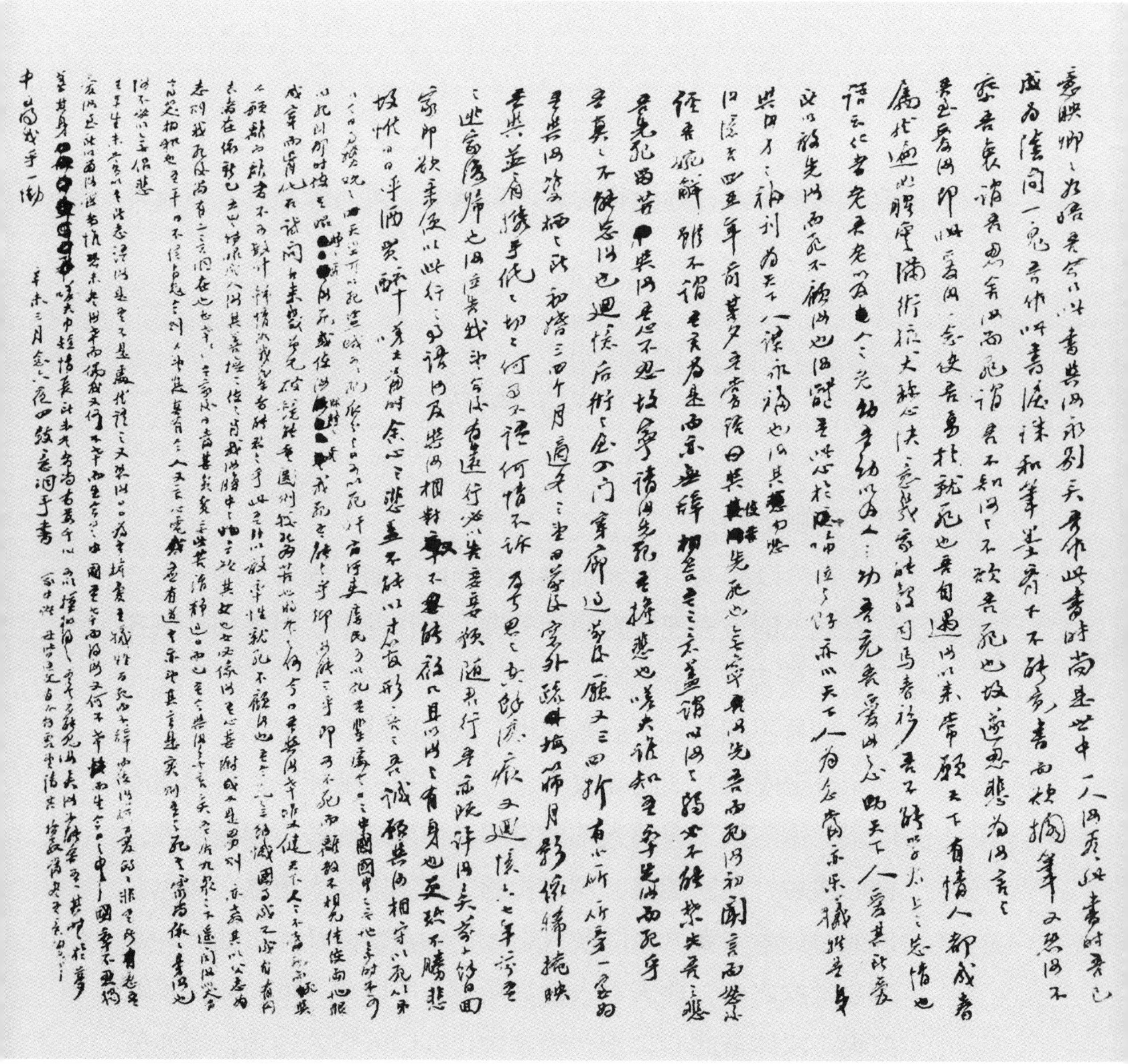

《与妻书》手迹

牺牲吾身与汝身之福利，为天下人谋永福也。汝其勿悲。

汝忆否？四五年前某夕，吾尝语曰："与使吾先死也，无宁汝先吾而死。"汝初闻言而怒，后经吾婉解，虽不谓吾言为是，而亦无辞相答。吾之意盖谓以汝之弱，必不能禁失吾之悲，吾先死留苦与汝，吾心不忍，故宁请汝先死，吾担悲也。嗟夫！谁知吾卒先汝而死乎？

吾真真不能忘汝也！回忆后街之屋，入门穿廊，过前后厅，又三四折有小厅，厅旁一室为吾与汝双栖之所。初婚三四个月，适冬之望日前后，窗外疏梅筛月影，依稀掩映。吾与汝并肩携手，低低切切，何事不语？何情不诉？及今思之，空余泪痕。又回忆六七年前，吾之逃家复归也，汝泣告我："望今后有远行，必以告妾，妾愿随君行。"吾亦既许汝矣，前十余日回家，即欲乘便以此行之事语汝。及与汝相对，又不能启口，且以汝之有身也，更恐不胜悲，故惟日日呼酒买醉。嗟夫，当时余心之悲，盖不能以寸管形容之。

吾诚愿与汝相守以死，第以今日事势观之，天灾可以死，盗贼可以死，瓜分之日可以死，奸官污吏虐民可以死，吾辈处今日之中国，国中无地无时不可以死。到那时使吾眼睁睁看汝死，或使汝眼睁睁看我死，吾能之乎？抑汝能之乎？即可不死，而离散不相见，徒使两地眼成穿而骨化石，试问古来几曾见破镜能重圆？则较死为苦也，将奈之何？今日吾与汝幸双健。天下人人不当死而死，与不愿离而离者，不可数计。钟情如我辈者，能忍之乎？此吾所以敢率性就死不顾汝也。吾今死无余憾，国事成不成，自有同志者在。依

林觉民一家合影

新已五岁，转眼成人，汝其善抚之，使之肖我。汝腹中之物，吾疑其女也，女必像汝，吾心甚慰。或又是男，则亦教其以父志为志，则我死后尚有二意洞在也。甚幸甚幸！

吾家后日当甚贫，贫无所苦，清静过日而已。吾今与汝无言矣！吾居九泉之下，遥闻汝哭声，当哭相和也。吾平日不信有鬼，今则又望其真有。今人又言心电感应有道，吾亦望其言是实，则吾之死，吾灵尚依依旁汝也。汝不必以无侣悲。

吾生平未尝以吾所志语汝，是吾不是处。然语之又恐汝日日为吾担忧，吾牺牲百死而不辞，而使汝担忧，的的非吾所忍。吾爱汝至，所以为汝谋者惟恐未尽。汝幸而偶我，又何不幸而生今日之中国！吾幸而得汝，又何不幸而生今日之中国！卒不忍独善其身。嗟夫！巾短情长，所未尽者，尚有万千，汝可摹拟得之。吾今不能见汝矣！汝不能舍吾，其时时于梦中寻我乎！一恸！

辛亥三月念六夜四鼓，意洞手书。

家中诸母皆通文，有不解处，望请其指教。当尽吾意为幸！

背景说明

林觉民给妻子陈意映的遗书写在一块白色丝绸手帕上，原件藏福建省博物馆。一纸与妻书，洋洋洒洒千余字，书尽与妻恩爱回忆、与子期许、以身殉国之慷慨。但作者并没停留在儿女私情之上，而是将儿女之情同革命事业相比，使二者融为一体。这封信展示了林觉民舍小家为大家的伟大的献身精神，表现出民主志士的革命情怀。

1911年，临刑前的林觉民（右二）

致父诀别书

1911年4月

不孝儿觉民叩禀：

父亲大人，儿死矣，惟累大人吃苦，弟妹缺衣食耳。然大有补于全国同胞也。大罪乞恕之。

背景说明

林觉民的父亲名林孝颖，字可山，号拾穗，福建福州人。晚清名士，才华横溢，以诗文闻名于世，民国初年的一些大学者如陈衍、台静农、钱穆等都与之有交情。林觉民天性聪慧，读书过目不忘，深得嗣父喜爱，自幼就由父亲自教导读书。林觉民在与父诀别书中，表达自己知晓爱国与尽孝难以抉择，但为了全国人民的命运，他在表达对父亲的愧疚之后，毅然选择舍身为国之举。

方声洞 (1886—1911)

字子明，福建侯官（今福州）人。曾在福州念私塾，自幼聪明机警，胆略过人，口才极好。虽生于富商家庭，但吃苦耐劳、简朴自砺。青年时代起，就怀有挽救民族危亡、献身革命事业的信念。逢人痛论国事，力主推翻清政府。1911年4月27日，在黄兴的率领下，和林觉民、林尹民、林文、刘元栋等人猛攻广东督署。转战途中，方声洞见相逢的巡防营无臂号，即举枪相向，首发击毙其党人哨官温带雄。激战中，方声洞中弹血流遍体，弹尽力竭而死，时年25岁，葬于黄花岗烈士陵园，为黄花岗七十二烈士之一。

儿虽死亦乐也

临死不尽所言，惟祈大人善保玉体，以慰儿于地下。旭孙将来长成，乞善导其爱国之精神，以为将来报仇也。

致父亲绝笔书

1911年4月26日

父亲大人膝下，跪禀者：

此为儿最后亲笔之禀，此禀果到家者，则儿已不在人世者久矣。儿死不足惜，第此次之事，未曾禀告大人，实为大罪。故临死特将其就死之原因为大人陈之。

窃自满洲入关以来，凌虐我汉人，无所不至。迄于今日，外患逼迫，瓜分之祸，已在目前，满洲政府犹不愿实心改良政治，以图强盛；仅以预备立宪之空名，炫惑内外之观听，必欲断送汉人之土地于外人，然后始大快于其心。是以满政府一日不去，中国一日不免于危亡。故欲保全国土，必自驱满始，此固人人所共知也。儿蓄此志已久，只以时机未至，故隐忍未发。迩者与海内外诸同志共谋起义，以扑满政府，以救祖国。祖国之存亡，在此一举。事败则中国不免于

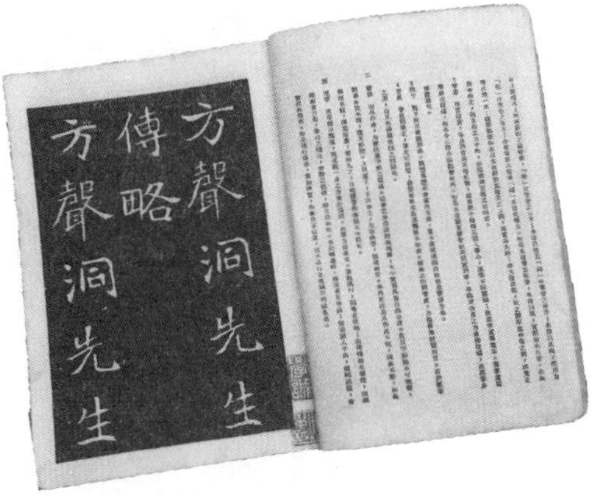

《方声洞传记》书影

亡，四万万人皆死，不特儿一人；如事成则四万万人皆生，儿虽死亦乐也。只以大人爱儿切，故临死不敢不为禀告。但望大人以国事为心，勿伤儿之死，则幸甚矣。

夫男儿在世，若能建功立业以强祖国，使同胞享幸福，奋斗而死，亦大乐也；且为祖国而死，亦义所应尔也。儿刻已念有六岁矣，对于家庭本有应尽之责任，只以国家不能保，则身家亦不能保，即为身家计，亦不得不于死中求生也。儿今日极力驱满，尽国家之责任者，亦即所谓保卫身家也。他日革命成功，我家之人皆为中华新国民，而子孙万世亦可以长保无虞，则儿虽死，亦瞑目于地下矣。惟从此以往，一切家事均不能为大人分忧，甚为抱憾。幸有涛兄及诸孙在，则儿或可稍安于地下也。惟祈大人得信后，切不可过于伤心，以碍福体，则儿罪更大矣。幸谅之。

兹附上致颖媳信一通，俟其到汉时面交。并祈得书时即遣人赴日本接其归国。因彼一人在东，无人照料，种种不妥也。如能早归，以尽子媳之职，或能稍轻儿不孝之罪。临死不尽所言，惟祈大人善保玉体，以慰儿于地下。旭孙将来长成，乞善导其爱国之精神，以为将来报仇也。临书不尽企祷之至。敬请万福金安！

儿声洞赴义前一日禀于广州城

家中诸大人，及诸兄弟、姊妹、诸嫂、诸侄儿女及诸亲戚统此告别。

背景说明

这是方声洞参加黄花岗起义前写给父亲的绝笔书。方声洞父亲方家湜，字芷亭，在汉口经营运输货栈，时常来往于各地，是一位见闻较广、思想开明的商人，对清政府的腐败无能很不满，将自己的子女和媳妇都送进新式学堂读书，后来又让他们去日本留学。

在起义的前一天晚上，他担心自己此次参加起事一旦为国捐躯，父亲可能承受不住这沉重的打击，便写了这封诀别书，说明自己的革命志向，并为今后不能尽孝向父亲告罪。信中说到男儿生于世，当建功立业强国，让同胞享福，这就是人生最大的乐事。其革命之心无比坚定，已然为革命做好了牺牲的准备。

前排坐者为方声洞的妻子王颖

与妻子颖卿书

1911年4月26日

颖卿爱鉴：

卿援读吾书时，吾已去人世久矣，再无把晤之期，只能相见于魂梦间矣。

当吾由东承运军火来港时，已矢志捐躯于沙场，为祖国报仇，为四万万同胞求幸福，以尽国民之责任。所不即行相别者，恐吾爱卿以吾赴死为悲耳！刻吾为大义而死，死得其所，卿亦可以无憾矣！卿素明大义，当不致不应允，必能谅兄之心，知兄念妹之故，强以节悲哀，勉自珍摄也，且卿之责任亦不为不重，即上有老翁大人及老母大人，下有幼少孤儿，全赖吾爱卿奉养抚育，并教导诸子侄以爱国之精神，以继吾未竟之志，或可以稍慰兄于泉下矣。幸吾爱卿免（勉）之！吾本愿与卿相守而死，第以今日事势观之，天灾可以死，盗贼可以死，瓜分之日可以死，奸官污吏虐民可以死。吾辈处今日之中国，无时无地不可以死。到那时，使吾眼睁睁看汝死，或使汝眼睁睁看我死，吾与汝果能言乎？

幸今日吾与汝双健，天下人之不当死者而死，与不愿离而离者，不可计数，钟情如我辈者能忍之乎？此吾所以敢率性献死不顾汝也，吾今死无余灭，国事成不成，自有同志者在。旭儿已两岁，转眼成人，汝其善抚之，使其肖我。汝腹中之物，吾欲其女也，女必像汝，吾心其慰。或又是男，则亦教其以为我志，则我死后尚有二声调在也。吾家后日当甚

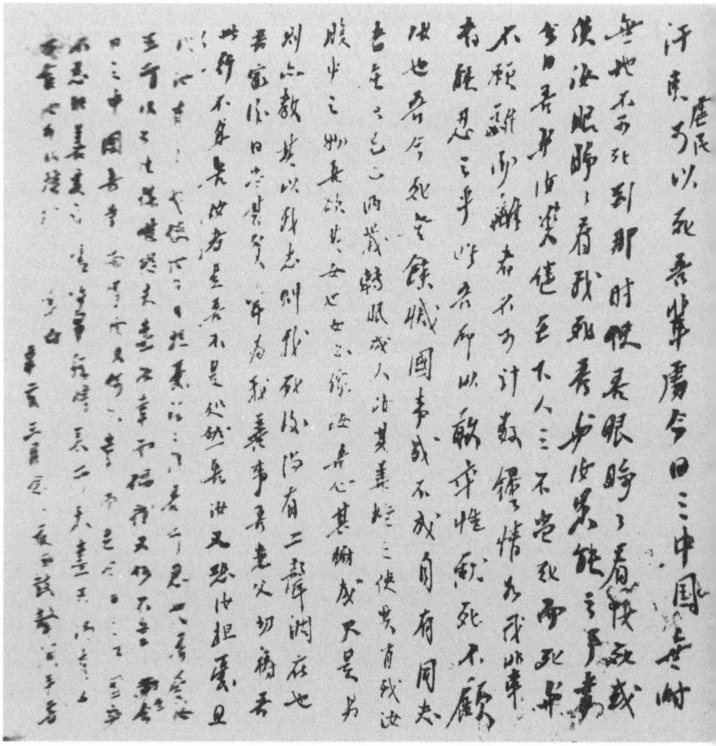

方声洞《与妻子颖卿书》

贫，幸为我善事吾老父切祷。吾此行不与告汝者，是吾不是处，然告汝又恐汝担忧，且以汝有身也，使汝日日担忧，非吾所愿也，吾爱汝至，所以为汝谋，惟恐未尽。汝幸而偶我，又何不幸而生今日之中国；吾幸而得汝，又何不幸而生今日之中国，卒不忍独善其身。嗟乎！帛短情长，所未尽者，尚有千万言，汝可以模拟得之。

辛亥三月廿八夜四鼓声洞手书

岳母大人及在兄铭弟及诸姐妹代为告别，因忙未另函。

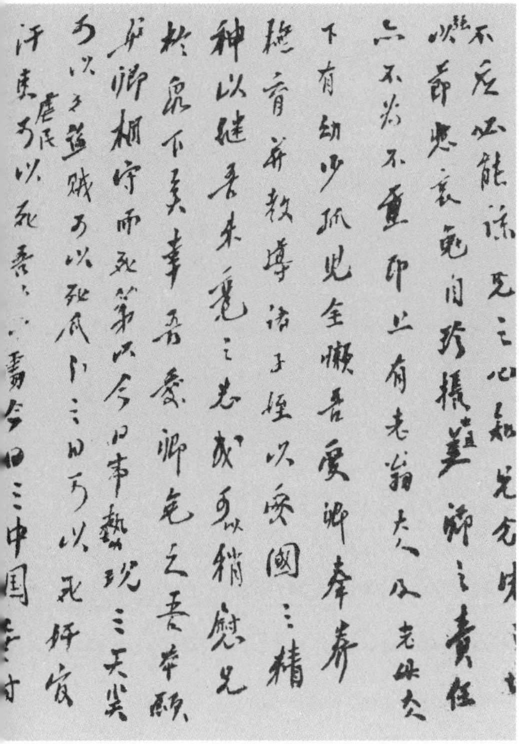

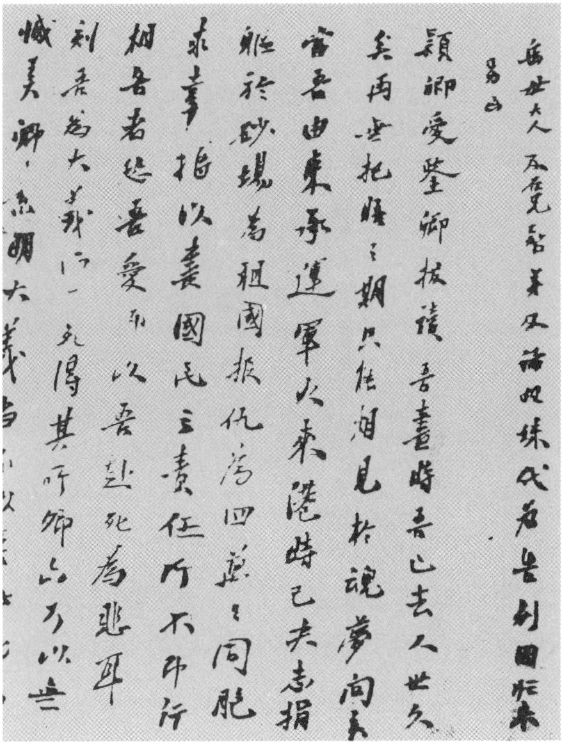

背景说明

方声洞早年留学日本，在日本千叶医学专门学校学医，1905年加入孙中山组织的同盟会。后来他担任中国留学生总代表，同盟会福建支部长及归国代表等职务，经常秘密回国联络党人，运送军火。1908年回国同王颖在汉口完婚后不久，又双双赴日留学，妻子后来也加入同盟会。

1911年1月，黄兴去香港准备广州起义，同盟会组织决定让方声洞在日本继续读书。但事过不久，香港急电命他火速回国运送军火。回国前全家合影纪念，从此竟成永诀。广

方声洞牺牲前与妻儿留影

州起义前，方声洞和姐姐方君瑛、曾醒等都以极大的爱国热忱投入，把弹药绑在身上运进广州，并且给家人写了诀别信。最终三月二十九日起义失败，方声洞中弹牺牲。

方声洞牺牲时，妻子还有孕在身，家人怕她承受不了，瞒着她，直到四个月后，才读到这封绝笔书。全家人抱头痛哭。这封信书法遒劲有力，字字铿锵，句句感人，几可同林觉民的传世之信《与妻书》并观兼美，彪炳后世。

李炳辉

(1891—1911)

又名祖奎，别号路得士，广东封开县人。年少时随人到南洋，就读于教会学校，后加入耶稣教会。在海外的传教过程中，接触了解了国外先进文明的政治生活，对清政府腐败没落的社会风气深恶痛绝。虽羁身海外而未忘救国。后经萧锦兰介绍加入中国同盟会，积极向华人华侨宣传推翻帝制，实现民主共和的革命理想。1911年春，同盟会决定发动广州起义，各地会员纷约而至。李炳辉获悉也回到香港待命。4月27日编入黄兴率领的敢死队，进攻两广总督署。英勇杀敌，战死于高第街，时年20岁。

只缘报国误乌私

惭愧劬劳恩未报，只缘报国误乌私。

写给母亲的绝笔

1911年4月

回头二十年前事，此日呱呱坠地时；
惭愧劬劳恩未报，只缘报国误乌私。

李炳辉烈士祠

背景说明

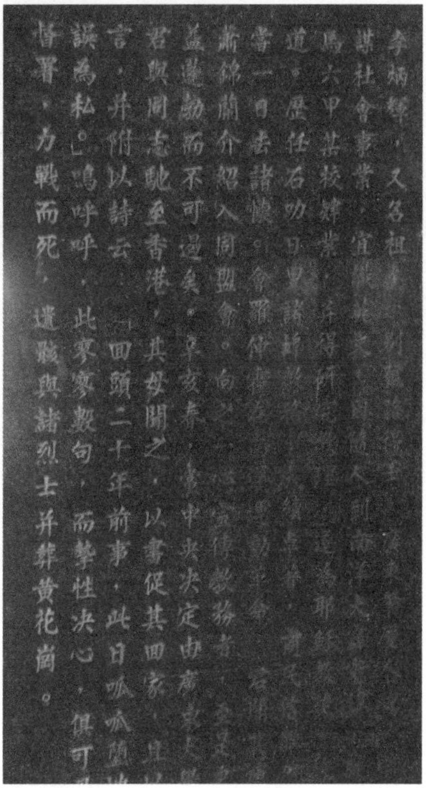

李炳辉碑记

这首诗是李炳辉在起义前写下寄回给母亲的遗书。李炳辉少年随人到南洋谋生，并就读教会学校，时革命党人罗仲霍、萧锦兰等人在南洋马六甲、新加坡各地宣传革命，推翻帝制。李炳辉听其演说后激起爱国热情，在萧锦兰的推荐介绍下，加入中国同盟会。1911年春，回香港待命参加广州起义，其母得知他在香港，托人带了封家书给他，言及生日快到，叮嘱他务必在生日前赶回家中。李炳辉接信后，深知忠孝不能两全，遂打开信笺，含泪写了这首诗寄回给母亲。诗里对母亲养育自己付出劳苦而自己不能尽孝表示了深深的愧疚。但为了国家、为了民族、为了未来，自己只能选择尽忠而不能尽孝了。

（供稿单位：封开县地方志办）

喻培伦

(1886—1911)

字云纪，四川内江人，清末民主革命家，黄花岗七十二烈士之一。1905年赴日留学，1907年冬在东京结识了四川同乡吴玉章，投身革命活动，后加入中国同盟会。他一生精心研制炸药术，运用电流、化学、钟表等原理，试制“安全炸药”，被革命党人誉为“炸药大王”。他积极投身推翻清朝的民主运动，先后同革命党人黄复生等一起组织暗杀行动，在国内刺杀摄政王载沣等人未遂，后流亡日本。1911年回国，参加广州起义。攻打广东总督衙门时冲锋在前，后负伤多处，弹尽被捕。刑前犹呼“党人可杀，学理不可灭，头可断，学说不可绝”。时年25岁，葬于广州黄花岗。民国缔建后追赠为大将军。

欲中国富强，不由实业无以开源

欲中国富强，不由实业无以开源，是人皆知之，而未能即行也。一以无着实学术，一以不能苦力经营，故唱救亡之术已有年，至今国势愈穷，而外国之商战愈激，我国败至垂危，长不能不急急为之也。

写给父亲的信（一）

男培伦跪禀父亲大人膝下：

数日前得琼妹来书，传述父亲准允前禀所请，不胜舞蹈欢畅之至！债务收得，分以作实业，为生财之道，较之旧时商业获利，相差倍蓰。前禀已言明洋火事，刻下已与川流电气公司原人议决，暂将电气公司缓办，目下以最少资本小办洋火工厂，各出五百元，其制造法，男已屡次试验成功。兹寄呈所造者，此件请试观察，命名“最新安全无毒发火柴”。盖谓其中未用黄磷，所以“无毒”。我在本箱药面上无论如何摩擦万不能发火，故曰“安全”。又木签特别染色浸有药料，燃过后决不化灰落火，不至烧衣及引火别物，故称“最新”。男到此研究二三月，今敢告成功。带来之物系吴景熙与棣弟同造，此后即归，倡导口人办理工厂，昨日各口口已写信，请即速各汇银三百两来东，购办机器、药品。若能于棣弟毕业时汇齐，则棣弟当督率运归，若迟不到，则棣弟不能在此久待。迟一月，吴永珊君回国即带回，吴景熙与棣弟就在叙府租厂准备一切。无论如何，今年秋冬间一定开工。现在如已将所收债款人于福记商口中，无论如何求父亲挪兑三百两，于此禀到后，即从速汇来东京，交：日本东京深川区商船学校吴景英收。男对于此事非常迫切，亦以数年采与各好友组织口属难事。刻下制此洋火，着手非常容易，且对外交涉，非从速实办一有利工业，各人身家皆无以立信用。故父亲勿罪男仓卒，即俯从所请，将款兑来。

黄花岗七十二烈士碑铭

共金不多，到开工通共只五百元，而一二年即能立成大功，可以推倒旧式不安全有毒洋火。但现在望父亲不向外人言，恐人忌妒，串通旧时各洋火工厂，兴许多交涉。总之，以现在在东各人名字出办，绝不怕何人，陡然此工厂已开工出货，神鬼莫测，绝不至于早招物议也。外将成立约章抄呈：

星火工厂成立约章。第一，商店——星火工厂；第二，本店四川叙府河（街）；第三，业务——制造最新安全无毒火柴（洋火之名，因此物由西洋输入，故称之，义不完全，不成一名，现加一最字，以用此发生火种也）；第四，设立年　月　日，辛亥年　月　日；第五，出资姓名及原籍、现住所及出资金额：四川荣县、现住日本西京帝国大学吴永珊，同上、现住日本海军工机学校吴景英，四川资州、现住日本海军炮术学校朱华经，四川万县、现住日本海军炮术学校张维新，四川荣昌、现住日本海军工机学校余际唐，四川内江、现住日本东京电机学校喻华伟。各出资本五百元。

〔注〕

此信为残页，无年月日期，信中拟星火工厂约章有“辛亥年”字样，当为上年底或是年初所书。

写给父亲的信（二）

1910年12月23日

男培伦跪禀父亲大人膝下：

讼事既息，从此独立经商，当少纠葛矣。吴尚龄先生之弟闻与父在富同客寓，其弟兄为人之雅义，父必无间言。今其弟已有二人在东，一为留学海军，一则学商业。现在明治大学专门商科，日与男研究照像及各实业。去岁，男所组织电气公司，一以华伟未毕业，一以资本太大，故至今竟置而未问。现男转东，将其业一变，以男数月中研究，得一安全无毒洋火，即同原伙改做洋火工厂，小小试辨〔办〕，各出平均股金，每家五百元或五百两，共成三千。以一千作机械费，一千作药品费，一千作开厂费。此厂规模虽小，一日可出货五大箱以上。一箱卖价，闻在二十两上下，则共有百两生意，成本不过五十两，应赚一半。其制法已着实教与棣弟及吴景熙。工场设置及机械、药料价格，皆已全部调查妥实。各伙家各已发信回内表明利益，并请准备兑款。男意当先赊购机械、药品，交棣弟及吴景熙于三月带回，从速开办。厂地当在叙府，以其可以四通八达，消〔销〕场广大也。讼事既了，收之债款千金，务请父亲以其一半，准备将来作此厂股本。如不成一新工业，以为生财之道，专望贩卖为商，则得利仅微，无大发变。父必以从新经营实业，为当世富强要着，不待男再烦言冒渎也。洋腊〔蜡〕烛一业，已详志前禀，要本不多，尽可以从小办去，将来亦发变不小也。棣弟现在用度，皆友人义助，归国路费，必请父斟（斟）酌寄下，似宜稍多一二，为送亲戚购礼物及琼妹装（妆）奁。此地价廉物美，较诸在本地便易多矣。男现在趋向专此实业，除叙府一厂之外，尚有数友人亦以此业创设于泸州处，尚运动外省如陕西、山东、广东、广西、云南各省友人，皆以此业相传，劝其急办。欲中国富强，不由实业无以开源，是人皆知之，而未能即行也。一以无着实学术，一以不能苦力经营，故唱救亡之术已有年，至今国势愈穷，而外国之商战愈激，我国败至垂危，长不能不急急为之也。洋火一物，日本销到中国，每岁八百万以上。即此一宗，能各地自办，亦于抵掣（制）外货一事不无小补。此后男到南洋，大慨（概）亦创设此业，因该地亦不能制造，全用瑞典与日本货。若就地制造，以与输入品相争利，必能获胜。一二年后尽可归家。棣弟此时归来，亦当促其将各事成立，为长久计，勿徒（图）一时欢聚安居，不务急要为善。资州杨绍基，男于去年春劝其赴南洋学糖业，此刻将有补给公费之望。现来书谓，尚须一二同学乃成事。庶咸在家充教习，殊属无聊。望父与吴三翁商，劝其赴瓜哇同杨学习，不须自费，而且得学一实业，将来为公为私受利不小。以外之人尚无此资格往学，以须识英文，谙习理化、数学方能任其学，而男不能分身，于此大背初志，深自可惜。但药品一事，为男现在要务。中国欲文明进步，尚须待此业发达也。

谨此敬叩

金安，母亲无病！

即叩

祖父母寿康！

诸叔父母统安！

男培伦跪禀庚戌十二月二十三日

背景说明

从日本回来后，喻培伦看到了中国内忧外患的严重形势。面对迫在眉睫的亡国危险，他在从事革命活动的同时，仍不忘振兴实业。喻培伦计划在家乡兴办洋磁工厂、机械制糖长、机器缫丝厂、川流电气公司等事业项目没有成功。但他没有灰心，进一步把兴办工厂的计划与革命事业联系得更紧密。1910年，喻培伦在成都创办了著名的星火火柴厂。在写给祖父的数封家书中，他谈及了自己创办火柴厂、研制安全无毒火柴的经历，抒发了以实业来救国、强国的决心，反映了新兴民族资产阶级的强烈愿望。

写给胞妹的信

……噫！我之不信甚矣！一二年来，每日言归，使家中老人念望，至今尚未能即归，妹其知我而谅我乎？兄自命非常，绝不无事而归也，明矣，祖父之望我也，妹其为兄解说。兄自有归家之一日，必待学有所成，而后奋归也。母亲

喻培伦大将军纪念馆

之爱我望我者，亦将望兄归而得其欢喜也。苟学不成而归，为众所轻视，则将厌我矣。今年之有暇日，学堂未进，而亦未即归者，是亦有故在（一因未得路费，亦因事甚多）。兄日前犹望归，至今不必矣。仲兄现作早归计，将学洋磁业，明年或当归家，与兄之归无异。愿大家原谅我之非真不欲践言全信，实有时势使之然也。琼妹再鉴。

兄伦□□

背景说明

喻培伦为革命事业而左右奔走，多年未曾归家。家中祖父及父母想念儿孙心切。一次次来信促归。他也思念家乡的长辈亲人。奈何投身于革命中，身不由己，归家遥遥无期。在这封写给胞妹的家书中，他愧疚于未能与家人团聚，希望家人能够理解自己的选择。

〔注〕

此信为残页，无日期，信中有“仲兄……明年或当归家”之说，或为1910年底所书。

张太雷 (1898—1927)

原名曾让，字泰来，江苏常州人，中国共产党早期的重要领导人，中国共产主义青年团的创始人之一，广州起义主要领导人。1915年考入北京大学，1919年投身五四运动。1920年与俞秀松等发起组织社会主义青年团，同年10月加入北京中国共产党早期组织。1921年赴莫斯科任国际远东书记处中国科书记，参与创建中国共产党的活动。1922年主持并召开中国社会主义青年团第一次代表大会，1924年任中国社会主义青年团中央书记。1927年八七会议上被选为中央临时政治局候补委员，任广东省委书记、中央南方局书记。同年12月11日领导广州起义，任广州苏维埃政府代理主任兼人民陆海军委员，12日在大北门战斗中牺牲。

我发誓我决不负你

除掉学习刺绣图画之外，你还要学一点普通常识，尤其对于如何教育子女，是要研究的。历史、地理、理科，是你应当懂一点的，国文只要多读新的白话文，可以多看小说如《水浒》《西游记》《红楼梦》等等。还要多看杂志与报纸。

给妻子陆静华的信

1921年

我此次离家远游并没有什么□□，你们也不必对于我有所牵挂。我觉得现在我做事，总不能说可以长久。今天不知明天如何。这样心境不能安定，心境不安定是如何痛苦呵！我想最好能自己独立生活，不要人家能操纵我的生活。所以我立志要到外国去求一点高深学问，谋自己独立的生活。我先前本也有做官发财的心念，所以我想等明年去考高等文官考试；但是我现在觉悟：富贵是一种害人的东西。做了官，发了财，难保我的道德不坏。常常在官场中混，替（与）那些不好的人在一起，嫖赌娶妾的事情或不能免。倘若是这样了，非特我的身体、道德要坏，恐怕家里要受莫大的苦处。

你也看见多少做官的发财的人们多嫖赌娶妾。倘若我做了官，发了财，我自己也不能保不替（像）他们一样的做坏事。惟有求得高深的学问既可以自己独立谋生，不要依靠他人，这样就用不着恐惧失去饭碗，心境自然也就安定。

心境安定是寿长的最要紧的事。又可以保持我清洁的身体，高尚的道德，不至于像那些做官的发财的人一样嫖赌娶妾做坏事。我觉悟着做官发财替（与）福气是完全相反背的；因为做官发财的总是嫖赌娶妾的，就是不嫖，不赌，不（娶）妾，他们的心境亦决不会安定的。因为做了知县想做知府，赚了二百块钱一月又想三百，他们的欲望决不会满足，欲望多的人决不会长寿和安乐的。所以我说做官发财决不是福气。真正的福气是心广体胖，心广体胖一定要心中无所忧虑，要不嫖不赌不娶妾。但是一个人要心中无所忧虑，先须得生计独立，就是说做事不要靠人家引荐，要人家来请，即使人家不来请亦能有饭吃。这样，只有有了高深学问

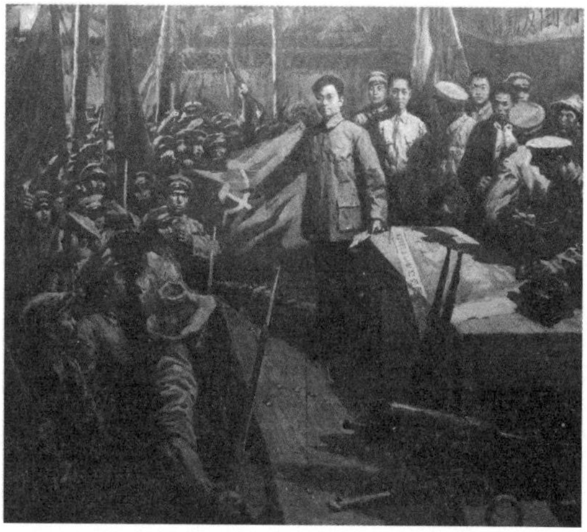

广州起义誓师大会情景

才能够。一个人有了钱要不嫖不赌不娶妾是一件很难的事，因为这种不是能够用人可禁止的，必须使他能有别种快乐之事去代替这种坏的快乐事体。求学问是一种最快乐的事。在有学问的人看那嫖赌等多是痛苦而不是快乐，所以他们决不会去做那种事的。你看见多少真正读书的人（如你的爹爹）多是这样。所以我决计外国去游学求一点学问，将来可以享真正的幸福，你也可以享真正的幸福，母亲也享真正幸福。但是我们现时不能不尝一点暂时离别的苦去换那种幸福。你情愿不情愿？我想你是一个明白人。一定是情愿的，并且赞成的。

至于家中过日子的问题，我于前两次的信中已经说过了。凡遇有金钱紧急的时候，尽可写信与北京彰仪门大街通才商业学校吴炳文及哈尔滨道里特别地方审判厅张照德。他们是我的好朋友，他们允许帮助我。荟甄四叔处已有两封信去了。母亲尽可向他要，因为这款虽然是他家给我们的，但是我们要知道铜钱是天下共有的，真正讲起来，亦不是他们的，亦不是我们的。所以尽可以向他要不必客气。就是要不着，我终设法使你们够用，因为这款只有现在可以借口问他要。家中用途不宜过省。每月用卅元却好。母亲年老亦应当吃好一点，穿好一点。你可劝劝母亲说不要过省，不然我在外如何安心呢？决计不要忧没有钱，吴南如等一定可以替你们想法子。如若再没有法子的时候，我也可以回来的，不过白走一趟罢了。

你可以趁这个时期中用一点功。你一定要进学堂。所费

张太雷在“沙基惨案”当日集会上演讲。张太雷身旁是鲍罗廷

亦不算多。你第一要选择你所最善（擅）长功课，学习了可以使你独立。我想你学刺绣及图画一定是好的。刺绣要学那新式的刺绣，如绣花卉人物，山水之类。图画学了是最有乐趣的。再者图画与刺绣是有极大关系的。因为刺绣配颜色等一定要会图画的才会配得好。我想你于这两种课都是很善（擅）长的，并且很欢喜的。这两样东西很有用处，你学好了这两样，你很可以自立了，那时你是一个独立的女子了。比较那种女子只做男子的附属品，要荣耀得多呵。你可以寻先生学习这两种功课，我想常州女学堂里一定有好先生。你不要怕费钱。要钱你可以对吴南如、张照德写信要。我现在正找报馆里的通信员之事，倘若找着了又可以有每月四五十元的进款。所以你们决计不要愁钱。除掉学习刺绣图画之外，你还要学一点普通常识，尤其对于如何教育子女，是要研究的。历史、地理、理科，是你应当懂一点的，国文只要多读新的白话文，可以多看小说如《水浒》《西游记》《红

楼梦》等等。还要多看杂志与报纸。如《妇女杂志》《小说月报》，常州局前街新群书社多有卖。同吴家大媳妇进学堂亦是很好，只不知那个学堂里刺绣图画好不好？你不要拿我的话忘记了，我希望我回来的时候，我学得很好，你也学得很好，那时我们多快活呵，那时我们应大家互相庆祝了。我希望能如此！

我们现在离开是暂时的，是要想谋将来永远幸福，所以你我不必以为是一件可忧的事。我们应该在这时期中大家努

上海市档案馆外滩馆展出张太雷烈士家书

力做，寻我们将来永远的幸福，这是一件何等快乐的事呵。我并没有一点忧愁，因为我有这个目的在心中，我希望你也能有同样的心思，一点不忧愁，只用心照我告诉你的用功去。母亲是很能看得开的，你再拿我这一番话说与母亲听，他老人家一定能不牵挂我的。你必要照我告诉你的做，我在外心才能安。我很感激你。我发誓我决不负你。你在家安心供养母亲，教育细苹，自己照我的话用功。

我一路有信给你，到俄国后我时常有家信来，不要忧愁。家里有什么要紧事可写信与吴南如……

背景说明

1918年，张太雷与陆静华在常州结为夫妻。1921年1月，他赴莫斯科任国际远东书记处中国科书记，参与创建中国共产党的活动。在即将赴俄、越过边界的前夕，张太雷满怀深情地写下了这封千字家书。在这封信中，他表述了自己的远大志向，猛烈抨击了当时黑暗的社会制度，流露出对投身革命道路的无怨无悔。此外，他反复劝说妻子应当学习一些擅长的功课，做一名独立的女子，这与他长期以来重视学习文化、重视提高妇女地位的思想是一脉相承的。

李荣熙

(1899—1932)

位于广东台山的李荣熙烈士纪念碑

字华甫，号道敬，广东台山人。1920年考入北平政法大学，毕业后继续在该校研究院攻读政治学。1926年毕业后，赴日本士官学校学习。1928年毕业回国，从此开始军旅生涯。初入国民革命军蒋光鼐部六十一师任上尉参谋，在北伐战争中屡立战功，擢升为少校。后又晋升为中校团附兼六十一师第九旅第十八团第三营营长。1930年该部改编为十九路军，任六十一师一二二旅第六团第三营中校营长。1932年淞沪会战中，奉命率第三营由南京赴上海增援，驻守蕴藻浜。在敌众我寡的形势下率队奋战，击退敌军多次冲锋。2月13日下午3时许不幸中弹牺牲，壮烈殉国，时年33岁。

贫不足忧，不和实患

1983年10月15日中华人民共和国民政部颁发革命烈士证书复印件

吾家财政，现际困难，然贫不足忧，不和实患，故居家万事以和为贵，儿辈其听之。

写给儿女李月蟾、李士彦及李士钊的信

1921年1月19日

蟾彦钊儿仝览：

八日手书，已收到。一切明白，可勿念。儿辈上城进学，尽可放心读书。一切费用，我定能随时寄回接济，毋忧虑也。

前日来书，洗晒棚漏水，及一切窗门，已经旧朽，请我筹款寄家，以应补修，儿辈所云极是，容图之耳。

吾家财政，现际困难，然贫不足忧，不和实患，故居家万事以和为贵，儿辈其听之。余离家已经六七年，对于堂上诸位大人，久阙晨昏定省，不孝实甚，望儿辈力行孝敬，以补尔父之愆尤！至于外间之荣辱，不必为介，忍之可也。余平安，祈放心。

此复，并祝进步！

父道敬字复

二十一年元月十九日于南京

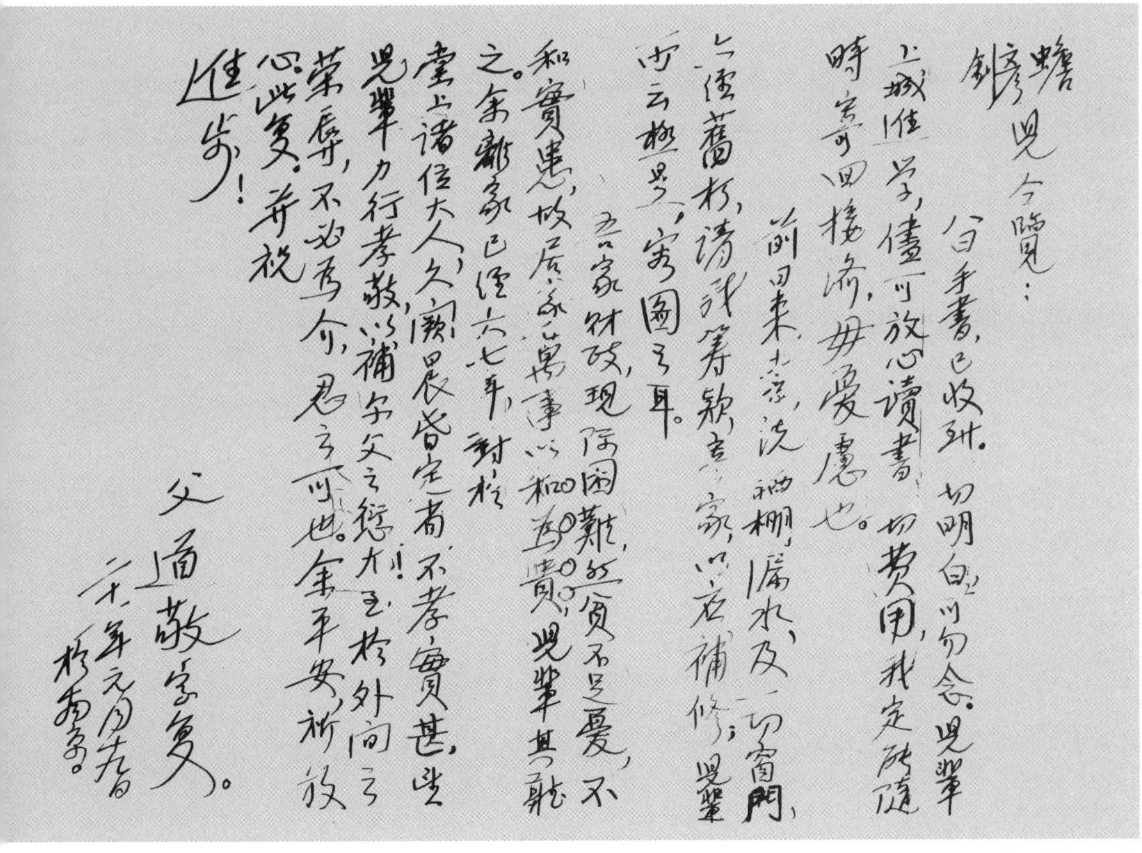
蟾
銘兒今覽：
八日手書已收到，均明白[illegible]念。兒輩
上城住學，儘可放心讀書，切費用我定隨
時寄回接濟，毋憂慮也。
前日來示，說細棚漏水及一切窗門
上傢舊朽，請我籌款寄家以為補修；兒輩
所云極是，寄圖之耳。
吾家財政，現際困難，然貧不足憂，不
和實患，故居家萬事以和為貴，兒輩其聽
之。余離家已經六七年，對於
堂上諸位大人，久闕晨昏定省，不孝實甚，望
兒輩力行孝敬，以補爾父之愆尤！至於外間之
榮辱，不必為介，忍之可也。余平安，祈放
心。此復，并祝
進步！
父道敬字復。
二十一年元月十九日於南京。

李荣熙烈士家书

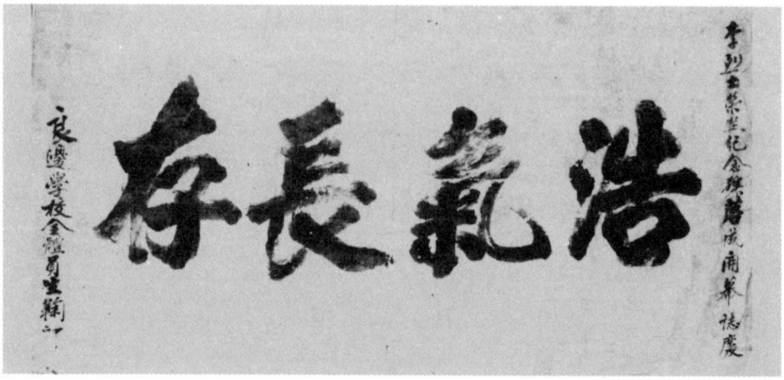

1933年李荣熙烈士追悼会上的挽幛“浩气长存”

背景说明

李荣熙在外求学，多年未曾归家，不免产生思家之情。在北平攻读学业时，他写下了这封家书。在信中，李荣熙仍惦记着家中大小事务。他以质朴的语言，告诫儿女莫以家贫为忧，莫以荣辱为首，万事应以和为贵。作为后辈，应该孝敬长辈，照顾老人。短短两百字，却透露出一名父亲的温情和思念。

廖仲恺 (1877—1925)

原名恩煦，又名夷白，字仲恺，广东归善（今惠州惠阳）人，生于美国旧金山华侨家庭。中国国民党左派领袖，中国民主主义革命的先驱。1905年加入中国同盟会。1911年武昌起义后，任广东都督府总参议。1913年“二次革命”失败后赴日本，参加反袁护国斗争。1921年任非常大总统财政部次长。1923年10月任国民党临时中央执行委员。1924年在国民党第一次代表大会上，被选为中央执行委员会委员、常务委员会委员、政治委员会委员。积极拥护执行孙中山的新三民主义和联俄、联共、扶助农工三大政策，支持工农运动。1925年8月20日在广州被国民党右派暗杀。

我身虽去灵明在

躯壳本身臭皮囊，百岁会当委沟壑。人生最重是精神，精神日新德日新。

留诀内子

（一）

后事凭君独任劳，莫教辜负女中豪。
我身虽去灵明在，胜似屠门握杀刀。

（二）

生无足羡死奚悲，宇宙循环活杀机。
四十五年尘劫苦，好从解脱悟前非。

诀梦醒女、承志儿

女勿悲，儿勿啼，阿爹去矣不言归。
欲要阿爹喜，阿女阿儿惜身体。
欲要阿爹乐，阿女阿儿勤苦学。

阿爹苦乐与前同，只欠从前一躯壳。
躯壳本身臭皮囊，百岁会当委沟壑。
人生最重是精神，精神日新德日新。
尚有一言须记取，留你哀思事母亲。

背景说明

廖仲恺一家合影

1922年6月16日，广东军阀陈炯明背叛孙中山，炮轰总统府，震惊朝野。在事发前夕，廖仲恺于14日应陈炯明电邀前往惠州，甫抵石龙即遭扣留，旋被囚于广州石井兵工厂，险遭杀害。在被关押期间，廖仲恺暗中写下诀别妻儿诗三首，情辞恳切，正气凛然。其中两首七言绝句《留诀内子》，反映了他坚定的革命精神和豁达的人生态度。而在《诀梦醒女、承志儿》中，他则嘱咐儿女牢记“人生最重是精神”——人若无精神追求，必然堕落。

冯达飞 (1899—1942)

原名冯洵，乳名文孝，广东连州市人。中学毕业后投笔从戎，先后进入西江讲武堂和黄埔军官学校深造。1924年加入中国共产党。1925年9月，由广东革命政府选派到苏联空军飞行学校深造。1927年，冯达飞奉命回国参加广州起义，旋即受党的派遣参加百色起义。嗣后随军转战湘粤。1931年秋，在湘赣军区先后担任红军分校校长等职。长征到达延安后，在抗日军政大学任第二大队大队长。1938年，调任新四军教导总队副总队长兼教育长等职。1941年在皖南事变中不幸被俘，次年英勇牺牲，时年43岁。

忠孝难两全，古今来志士之忍痛

现每日飞行八次，及讲课四时而已，所恨者各缘事牵，至使声气隔绝。奈何，奈何！

写给树勋学兄的信

1925年3月

树勋学兄大鉴：

兄元月所寄之函，迄今始一并收到。捧诵之余，心虽惶恐。然蒙过爱，亲越骨肉。弟已感激无涯矣。月来奉命赴韶，再赴淡、博，幸我党军用命，屡克名城，而同学已牺牲不少矣，因此得回羊城照常上课，闻下月即可毕业。故弟旋里之期约在四月中旬。现每日飞行八次，及讲课四时而已，所恨者各缘事牵，致使声气隔绝。奈何，奈何！兄之事慰家母，不啻亲生，虽壮士亦当涕泣下拜，刻骨铭心，而况弟儿女之性乎？但事既如斯，自知罪大亦复何言？嗟嗟！忠孝难两全，古今来志士之忍痛，其可思议欤，其不可思议欤？近来形容枯槁，四无聊赖，亦惟有自忧自解而已。但境之穷

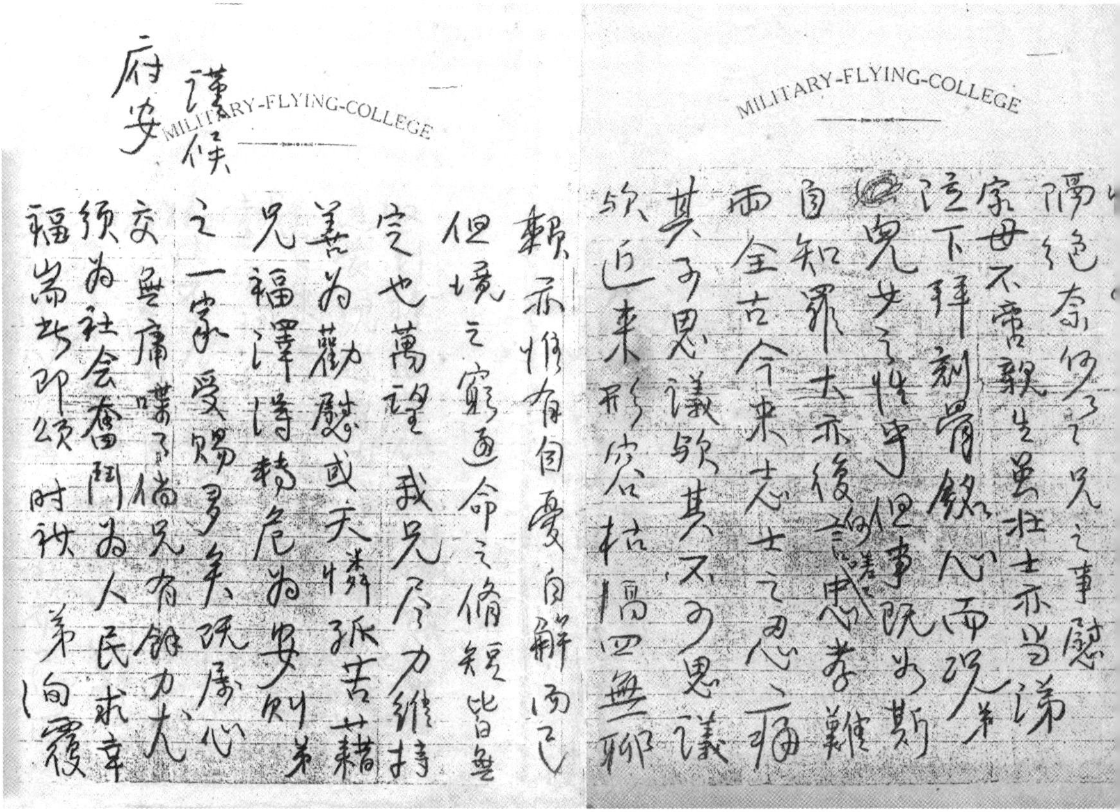

冯达飞家书手迹

通，命之修短，皆无定也。万望我兄尽力维持，善为劝慰，或天怜孤苦，藉兄福泽，得转危为安，则弟之一家受赐多矣。既属心交，无庸喋喋。倘兄有余力，尤须为社会奋斗，为人民求幸福。

耑此即颂

时祺！谨候府安！

弟洵霞

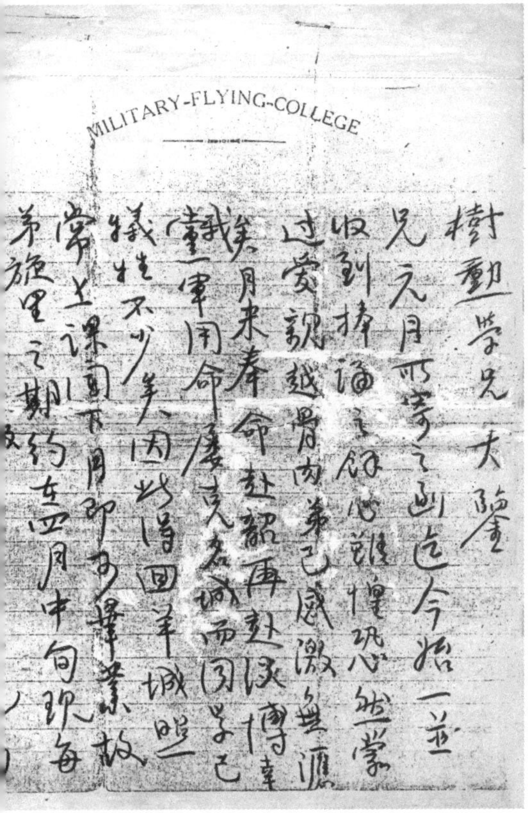
MILITARY-FLYING-COLLEGE

樹勳学兄大鑒
兄元月所寄之函迄今始一並
收到捧诵之余既惶恐然常
过爱觀越骨肉弟已感激無涯
矣月来奉命赴韶再赴淡博章
軍用命屢克名城而同学已
犧牲不少矣因此返回羊城照
常上课国下月即可毕业故
弟旋里之期约在四月中旬现每

冯达飞（左起第四）在抗日军政大学

背景说明

此信书写时间为1925年3月底，当时冯达飞在军事飞机学校，参加东征讨伐陈炯明叛军回校复课。这是刚回校时所写的信。

1924年冬，军阀陈炯明反对孙中山，叛变革命，广东革命政府组织兵力讨伐。冯达飞怀着对叛军无比痛恨的心情，参加了学生军进行东征，出淡水，战博罗，直逼潮汕，大获全胜。当冯达飞刚回到飞机学校复课，便屡屡接到家书，云母自穗返家，因过度劳累忧伤，重病在身。冯达飞手捧家书，心如刀割。但此刻训练紧张，军务缠身，每日除听课4小时外，还须飞行8次，忙碌异常。自古忠孝难两全，他爱母亲，但更爱祖国。于是，提笔给挚友陈树勋写下了这封家书。

（供稿单位：连州市委党史研究室）

杨若谷

(? —1926)

1926年5月毕业于金山中学后，主动要求下乡开展农民运动，被县农协委派为归仁区农会特派员。他不辞劳苦，跋山涉水，逐村开展工作，使该区农民运动很快形成高潮。却因劳累成疾，9月3日赍志殉职。

农君，你近来做何种工作？

我要和你特别说几句：如果我的父亲问起我在这里的情形怎样？那么，请你代我答道：“他近来去做那种工作，是最好不过的！”并说：“他不久一定要回家，请你老人家用不着挂念啊！”

给杨仲龙的信（遗作）

1926年6月9日

重农同志：

我俩自金中一别，直至阳历五月十九日，我便往潮安归仁区去做农民运动，你可知道吗？至于此中的乐趣，这当然不待我讲，你亦是知道的，因为这亦是你尝做过的事啦!不过这种工作，在跑路一方面，略觉困难一点而已。总之，跑路固是我们初出学界的短处；但我们当竭力补救我们的短处，那才不愧是一个革命的青年啊！

农君，你近来做何种工作？可是照着我们的老例，开办平校吗？哦！此次我便没有机会再和诸位一同去合作，但我

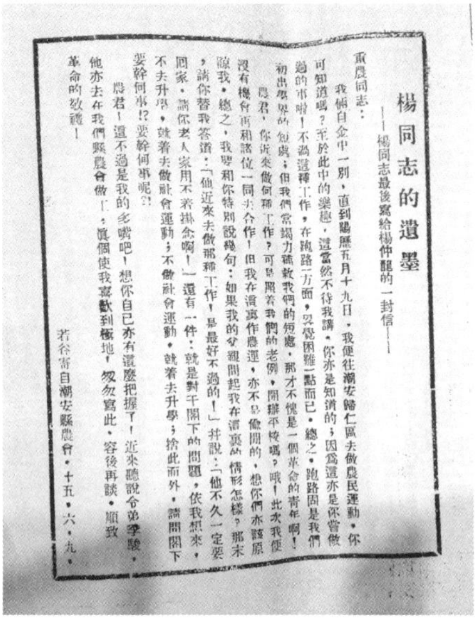

楊同志的遺墨

——楊同志最後寫給楊仲龍的一封信——

重農同志：

我倆自金中一別，直到陽歷五月十九日，我便往潮安歸仁區去做農民運動，你可知道嗎？至於此中的樂趣，這當然不待我講，你亦是知消的；因爲這亦是你曾做過的事啦！不過這種工作，在跑路一方面，只覺困難一點而已。總之，跑路固是我們初出學界的短處；但我們當竭力補救我們的短處，那才不愧是一個革命的青年啊！

農君，你近來做何種工作？可是照着我們的老例，開辦平校嗎？哦！此次我便沒有機會再和諸位一同去合作！但我在這裏作農運，亦不是偸閒的，想你們亦該原諒我。總之，我要和你特別說幾句：如果我的父親問起我在這裏的情形怎樣？那末，請你替我答道：「他近來去做那種工作，是最好不過的！」并說：「他不久一定要回家，請你老人家用不着掛念啊！」還有一件：就是對于閣下的問題，依我想來，不去升學，就着去做社會運動；不做社會運動，就着去升學；捨此而外，請問閣下要幹何事!?要幹何事呢?!

農君！這不過是我的多嘴吧！想你自己亦有這麼把握了！近來聽說令弟季駿，他亦去在我們縣農會做工，眞個使我喜歡到極地！匆匆寫此，容後再談。順致

革命的敬禮！

若谷寄自潮安縣農會。十五。六。九。

杨若谷的遗墨书影

在这里做农运，亦不是偷闲的，想你们亦该原谅我。总之，我要和你特别说几句：如果我的父亲问起我在这里的情形怎样？那么，请你代我答道：“他近来去做那种工作，是最好不过的！”并说：“他不久一定要回家，请你老人家用不着挂念啊！”还有一件：就是对于阁下的问题，依我想来，不去升学，就着去做社会运动；不做社会运动，就着去升学；舍此而外，请问阁下要干何事！?要干何事呢！？

农君，这不过是我的多嘴吧。想你自己亦有这么把握了。近来听说令弟季骏，他亦去在我们县农会做工，真个使我欢喜到极地。匆匆写此，容后再谈。

顺致

革命的敬礼！

若谷寄自潮安县农会

十五·六·九（一九二六年六月九日）

背景说明

这封信是杨若谷从潮安县农会写给杨仲龙（重农）的信，也是他的遗墨。当时他主动到潮安归仁区做农民运动，正充满着斗争激情。在他看来，这与他们“开办平校”的“老例”一样不可或缺。而他个人认为“做那种工作，是最好不过的”，所以当得知杨仲龙的弟弟也在县农会工作，就“欢喜到极地”。

在这封朴实的信里，有他对家人——父亲的记挂，承诺“不久一定要回家”，然而可能在当时的情况下只能成为虚语，因为三个月后他就赍志以殁。信中也有对友人的劝勉，他认为当时的革命青年除了“升学”和“做社会运动”，还有什么更紧要的事情呢?

（供稿单位：揭阳市普侨区委宣传部）

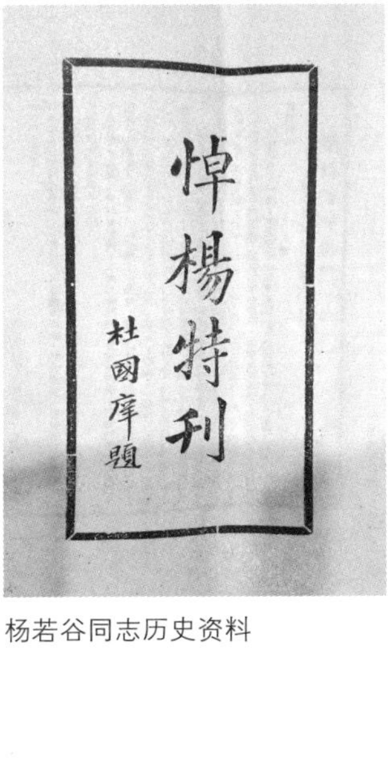

杨若谷同志历史资料

沈志昂 (1906—1928)

又名益丰，字驹若，上海奉贤人。出身于江海乡沈陆村一耕读殷实之家。求学过程中，积极参加社会活动，主动接受新思想，主张打破旧礼教，争取男女平等。1925年加入中国共产党。1926年赴黄埔军校武汉分校学习。1927年12月参加广州起义。起义失败后，随队转移至东江，同海陆丰地区的农民武装会合，坚持革命斗争，曾任中国工农红军第4师3团4连连长。同年6月下旬，在解放惠来县城的战争中负伤，后因伤势恶化，不久身亡，年仅22岁。

我俩的心给昨天
霹雳的电打在一块了

我在乡间，听暑蝉的声音，天然的风景，在竹荫下，和你谈谈，那时何等乐意呢？所以我决于日内要回来了，但是日期还没有决定。

致妻子汤瑾的信（一）

1926年6月25日

亲爱的玩璆姊姊：

你的信接到好久，我延至今朝始答复，很抱歉的。

处于帝国主义、军阀重重压迫之下，今年的五卅，当然不能有热烈的表示，也无怪南桥没有领导人的地方了。

我的忙暇，适与普通学生相反。前因怕父亲责备我多事，不说出来，现在老实说。父亲看我没有用，我在外边无论到什么地方，总做些事体出来，而且别人很相信我的。在太仓，因为我们几个人很会闹事，而不敢直接开除，以致全体解散。到上海，自星期一至星期五，人家很忙事的时候，我正除上课外，没有事。自星期五至星期日，人家暇的时候，我适忙的时（候）。故上次离开了你到上海，一到校中未上满一课，就有人叫我，商量本校对于五卅的表示，因此在一星期中，积极筹备，差不多大半责任都由我负责的，上课都不能完全上，所以更没有时（间）写信给你了。五卅这一天，我们到南京路上，去年打死人的地方讲演，这天第一个讲演要算我了，外国巡捕到我手里夺去二方演讲旗子，但是没有把我拉进去。在午后自十二时，南京路两旁布满我们演讲队，形势非常好看。到二点钟各演讲队开始演讲，东西南北皆是。又有邮务公会自由车冲过，两旁高声大呼“打倒帝国主义”，这时南京路几十万群众，民气非常激昂，形势如临战场，但是外国巡捕不敢开枪。这是去年五卅一年后，民气激昂帝国主义已畏惧了。后来到四时半宣告四散。这时无论冷血动物，也要变为热血了。

六月二十日，我们行毕业礼。不过行罢了我不能马上回来，因为在上海还有一些事；或者今暑假不能回来，也说不定，请你不要望我。我现在住在英租界同孚路大中里四百六十九号，在父亲信上已说过。你来信可寄此处，不过外面要写“他人不得私拆”。因为这处信很多的，旁人以为公事的信，随便要拆的。

我是很对不起你的，使各自凄冷度日；其原亦是环境所逼迫，不得不如此！我们要和环境奋斗！你既做了家庭之牺牲，那我也应该做国家之牺牲！我俩身体虽离开，但我俩精神仍团结在一块！今朝祇写了不多几句，容下次详细的写吧。现奉上我们的指导者三张。望你努力！望你意志康健！

你的志昂　于五月十六日

致妻子汤瑾的信（二）

1926年7月15日

我亲爱的玩璆姊姊：

在蝉声振耳的时候，那流浪的孤鸟，还没有归巢了，引起了闲人奇异吗？

是的，情感的动物——人类——处处的生活，都感觉到心灵的反射；无论柔弱者也有时的刚强，刚强者也有时的柔弱。人类的性情和能力，决不能一眼看煞的啊！虽若十二分无用的人，倒是一旦反抗起来，无法取理的；不过情感之力，还超过理智，把理性的毅力压服了。但是，人类究竟除了情感以外，还是有理性的。苟其情感不能压服理智，而理智马上反抗起来，这也是很普通之理。如弄皮球一样，抚抚弄弄，皮球很和善的混来混去，但是用了力一拍，马上跳起来。由是可晓得，凡是要顺从自己的欲望，对于所望者，一定要温和慈善的手段，神秘的训练，感化他，用压迫的手段，终免不了要起反抗的。所谓“杀人者，人杀之；害人者，人害之”。譬如父对于子，父不用慈爱的心对之，必有不孝之子起来反抗。夫对于妇，不是互相亲爱而以压制之手段，妇虽被礼教束缚，也要有打破旧礼教的反抗。满清压制中国，专制了二百多年，然而也有武昌起义，推翻满清。军阀压制农民，也有红枪会起来反抗。学校当局压迫学生，近年学生起来学潮闹得多少利〔厉〕害。

国际的资本家压迫无产阶级，而今有国际的无产阶级联合起来打倒国际的资产阶级。所以压迫是压迫不料（了）的，压迫愈厉害，反抗力也愈大，物理学上有一定律说："压力愈大，反抗力随之而也大。"所以要制服人，决（非）可以压迫可以服的。古谚说得好："以力服人，非心服也；以德服人，乃心服也。"这是可为野心家之诫。我是受过种种压迫的人，什么经济的压迫，军阀的压迫，旧礼教的压迫……压迫的种种滋味，已尝周到了，不过从前虽受了压迫，但未觉悟到，未知道到，所以还是糊糊涂涂地莫明〔名〕其妙的过去，人家看来真真个好孩子，其实真真笨虫。但是，现在醒了，人类的理性，因之而勃发，与种种的压迫者，都要一个一个的反抗起来，情感已是打破了。

虽然人是情感的动物，也是理智的动物。我近来觉得凡是〔事〕不能先讲情感而后讲理智的。先讲情感而（后）讲理智者，其所得的理智必不准确的，而其情感必不神圣的，亦不愉快的。先讲理智而后讲情感，这样的结果是起于真正的理智，而得的真正的情感，双方确是真是神圣的。所以我近来的主张，是先讲理智而后讲情感的，苟其理智讲不通，那么无情感的可讲，情愿把情感牺牲，不情愿把真正的理智牺牲而得的是假的情感——心面不和的情感——因此而论到中国的状况，现在的中国，是受国际帝国主义者蹂躏（到）了如此地步，军阀之压迫人民，学阀之压迫学生，资本家压迫无产阶级，旧礼教的压迫男女青年，旧家庭陷害子女，种种地目不忍睹的惨状，使我时时心惊肉跳，因之在黑暗之中求光明的地方，不得不起来革命，革帝国主义之命，革军阀的命，革学阀的命，革资产阶级的命，革家庭的命，革一切的命，求国家之光明，求社会之光明，求无产阶级之光明，求男女青年之光明，这种应该革命，是我的理智了。因之合我的理智的——就是赞成革命者——我就和他发生情感，不合我理智者，就是从前有情感的，也因之而消灭。这是我已锻炼至极坚的意志。

当然，革命是要牺牲的，倘使要个人做官发财而革命，那不是真真地革命，乃是反革命。这类人就是国民党右派，国家主义派，我绝对反对的。我们应该以群众利益为自己利益，以群众生命为自己生命，为主义而生，为主义而死，一个铁石的青年人革命家。我前尝对你说“我是为社会上谋幸福的一个人。”我的身体不是我自己的，是公众的，倘使为公众利益而要我身体死的时候——但是精神终不会死——我当不辞的，向前走。牺牲了我个人，得到群众的利益，我的做的。

我的话只可以对你说，因为你受我宣传的，对别人说，非但不肯听我的话，并且还要说我痴了，其实我没有痴，我比他们明白好几百倍了，他们还糊糊涂涂吃了黄连还不知苦，我也并不是天生如此，实在被环境压迫到如此，使我不得不起来反抗。苟其我是帝国主义者之中一个，我那是也不会如此，也是一个很反动的压迫人者。这是完全环境造成者，但是也不能说只有我一个是这样，如我同样者，不知其多少了，在中国起码有五十万罢。

我们的势力很大，不但在中国有这样多的人，在各国也有这样多的人，你看近日报上载有唐生智进攻长沙，蒋介石誓师北伐，我们的胜利指日而可待了。我们还有什么怕呢？你看见吗？天时帮助我们，发了大水，使我们顺水而下，直取长沙，我们的军士，勇敢的杀！杀！杀！死许多敌人，满枪满刀满衣的鲜血，都是我们的军士为国民争利益的工作，灿烂的国旗党旗，照耀于青天白日之下，对面的敌人战栗地畏怕，我们的民众唱起来“打倒列强！打倒列强！除军阀！除军阀！国民革命成功！国民革命成功！齐欢唱！齐欢唱！”那时也觉醒了，我不是痴了，确是为民众争利益的一个革命青年。

听呀！革命军队的号子，大等〔声〕地吹起来了。革命的青年军人，勇敢的跑拢来了。排队开步走的向战场去杀敌去。革命的军人个个雄赳赳地向前，没有一个畏惧的退后来。因为他们都知道负救众民的使命。所以用尽万分气力去杀杀杀敌。在刹那间，血肉横流，敌人都被革命军人杀死了。革命的军人满身满刀满枪满衣的血迹，向前追赶，把国内的军阀个个杀死，国外的帝国主义者个个心碎胆裂，中国民气未死了。中国兴起来了。他们也不敢再用哀的美敦书，不平等条约来压制我们了。无产阶级的国民也不再受资产阶级压迫了。全国的光明，中〔充〕满天地间！革命军士何等荣耀，革命的军士功何等大，但革命的军人责任何等重！努力的前进，杀完了敌人然后罢，救出民众于火炕之中而后责尽。于是解了血甲，放弃枪炮，沐浴了身体，回到家乡，满脸得意的笑容，和最亲爱的爱人，深深地拥抱了接吻！

亲爱的玩璆，我的心被热血冲动了！我的路已向前去了！落后的你，我不得不回转头来，拉了你一同走罢！革命之路，已满路光明了！亲爱的玩璆，起来罢！不要再流泪而呻吟了！只流泪呻吟，没有用的。环境决不因你流泪呻吟就好了，一定要用万分的勇敢起来！和万恶的环境宣战，而后有打破的希望。

亲爱的玩璆，人生的兴趣，是用感情来培养的，在冷酷的地方，你当然要我回来，我也如你一样的。在清晨起来，看了报，得到什么消息好坏，与我兴〔心〕里的喜快同时相和起来，但天天靠近先施公司，新新公司，永安公司，这样华丽的东西，三人二人成群的争先夺前的进去，满载的买了归，但是无钱的我，走过了这一段金钱万能的地方，两眼只是空空地望望罢了！锣鼓敲得这样忙，满面涂得红粉白粉的卖身女子，站在台上，伊哇的戏骗游客心里，这种声音震聋了我的耳鼓。玩璆，我从来不喜看这种卖身的戏剧，所以天天听这种声音，使〔便〕厌恶极了。我在乡间，听暑蝉的声音，天然的风景，在竹荫下，和你谈谈，那时何等乐意呢？所以我决于日内，要回来了，但是日期还没有决定。

玩璆姊姊，前头我走的时候，棉花方种，稻苗未出水，有些黄麦未割，可是现在田间正是青青了！耘稻锄草的工夫谅很忙吗？我谅你这几天天天在田间做工作，满面汗，满红脸，一步一步在很凶的太阳之下来往来往，但是得到的报酬有多少！

很杂乱的话，怎能尽纸张写！我俩的心给昨天霹雳的电打在一块了，我俩的身体由分离，而又聚拢来了，自然之爱神，正在我俩头上歌颂：“漂流的神鸟，南一，南北之大洋，起了大风大雨，把迷途之神鸟，仍送他俩集一块罢！他们的光辉，再振起来，他们爱心，再合起来，然后放出了温日和风微微地吹荡，光明之将来，永远留扬哟！去罢，去罢！飞翔起来，飞到了青云，唱起和谐的歌来！”

志昂

六月初六日五时

致妻子汤瑾的信（三）

1926年7月18日

玩瓈姊姊：

我们很不幸，生在这个时代，这个环境之中！——是国际帝国主义侵略中国状况之下。

我们不是吸烟，赌博，喝酒，终日作乐；或死读书，死种田，不知国家的危险。我们确知道中国的危险。我们既做了中国人，又没有钱去入外国籍，做外国人；我们是生为中国人，死为中国鬼，亡中国当然是亡我们中国人的中国，我们做中国人的，是不是情愿做亡国奴。已死的祖宗，做亡国鬼？当然是不愿做如印度、朝鲜人的亡国奴；那么当然要救我们中国的，更其要救将亡而未亡的中国的急要。凡是有血性的中国人，那一个是敢说我不要救中国，情愿做亡国奴。

勾结英国帝国主义者之直系军阀吴佩孚，勾结日本帝国主义者之奉系军阀张作霖，以中国人民的生命财产权利，送给英日帝国主义者，作英日帝国主义者培养他们，而他们孝顺英日帝国主义者之答报品！他们派了走狗，在北方有直系的田维勤、王维城、王为蔚，奉系张宗昌、张学良、褚玉璞及无主暂食直系小狗阎锡山，消灭代表人民的国民军。在南方有赵恒惕、叶开鑫、贺耀祖、董政国、宋大霈，消灭广东国民政府。北方的国民军，南方的国民政府，确是为民众谋幸福的革命的军队。为了谋民众幸福，要打倒害民众的英日帝国主义者之走狗吴佩孚张作霖，尤其现在最暴横的吴佩孚。所以，广东的国民政府，有几月准备，毅然的出师北伐，委蒋介石为国民革命军北伐总司令。

人民众仇的吴佩孚，是理应清除；所以湖南的战事，天助人助，国民革命第八军唐生智军队已进占长沙，而又进攻湘阴岳州，又加以广东北伐军声势浩荡，向湖南江西进发；而北方的国民军虽奉直军队夹攻了几个月，而还不能攻下。现在吴佩孚正在生死关头，南有北伐军，北有国民军。恐吴佩孚之倒，可指日而待了。张吴倒后，国民革命成功后，我们中国就稳固了。

我们虽然不能拿了枪，直接加入北伐，打倒国贼直系奉系军阀，救我们中国，但是我们援助北伐军，使北伐军易得到胜利，这就是救国之一种了。所以我们为了救国，故极力援助北伐军胜利。

我接了你和父亲的信，我本定明日回家了。奈近日为援助北伐的事很忙，不能离沪。虽然你们很望我，而且冠群病了，田里很忙；但是国家的事大，家庭的事小，所以我不得不缓迟几天——大约一星期——回家，至于冠群（沈志昂之子）及田里，请你支配罢。苟其田里重要，那冠群苦些不要紧的；因为冠群不是富家之子，也是应该吃苦的。你不要以为冠群是有父之儿，那是比不得人家的；老实说，冠群可说没有父了，就是有父，则冠群之父是为国的，不是为家的。苟其中国亡了，则冠群永远无父了！请你不要痛心！我也再不忍书了。

祝你前途幸福！

你最爱的志昂

于六月初九日

背景说明

这数封家书，沈志昂写于北伐途中，当时他仅有20岁。他和在家乡同样年轻的妻子汤瑾感情非常深厚。但沈志昂也是个有远大抱负、有社会责任感的血性男儿。他放弃了个人的幸福，毫不犹豫地离开了妻子，投身到了波澜壮阔的革命洪流之中。沈志昂在家书中抒发了对妻子的深深思念，对当时中国现实的深刻体会以及参与革命的豪情壮志。

单懋统

(1893—1927)

号锡嘏，曾用名单昌、单希古，河南新蔡人。1909年考入河南陆军小学校第五期，期间加入同盟会。1913年，升入南京第三陆军预备学校，期间被编入讨袁军教导营。1914年，返乡从事革新工作和教育活动。1917年，考入清河陆军预备学校。1919年，被分配到河南第一混成旅当军官候补生。1921年，升入保定军校第九期步科。1925年，赴广州中国国民党陆军军官学校（后改为中央军事政治学校）任第四期政治大队队副兼教官。1926年，中央军事政治学校政治科移至武昌，奉令率领五期政治大队学生从黄埔转移至武昌。1927年，因肺病复发去世，终年34岁。

个人能力就是立身的根本

个人能力就是立身的根本。汝注意于此，是我所盼望者。但仍望汝思想方面要随同潮流进步，否则虽自先进国得来者，亦陈腐也。

写给侄儿单粹民的信

粹侄一览：

月前一日之间连收汝两函，备悉一切。

个人能力就是立身的根本。汝注意于此，是我所盼望者。但仍望汝思想方面要随同潮流进步，否则虽自先进国得来者，亦陈腐也。

国内北方军阀渐次崩溃，革命军已占有武胜关，东南浙江夏超亦宣布独立，吴孙两贼于最短期间必可打倒。余与协一因上峰不准离校，故未随同北伐。

第四期学生毕业我县共十五人，瑞山就是曹湾汝老表，叔渠和照岩俱分发前方矣，第五期下月又可入学。兹再寄去1758.26佛郎，可查收之。

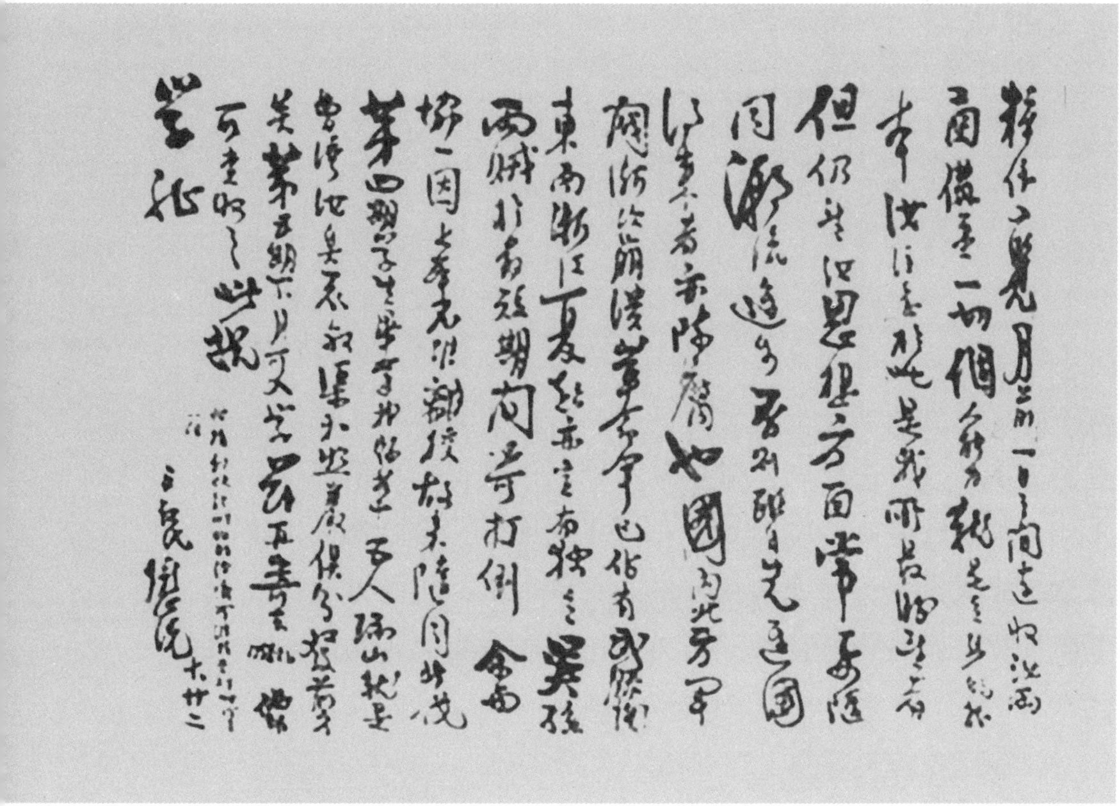

单懋统写给侄儿的信

此祝

学祉！

你接到此款时，你的经济可维持至何时？可来一信。

三叔氏懋统

十、廿二

背景说明

单懋统的侄儿单粹民留学法国（中法里昂大学）已有五年了，其间两人有过多次通信，因时局多变，大部分信件都遗失了，现仅保存这一封。在这封珍贵的家书中，单懋统十分关心在外求学的侄儿，鼓励他应关注于个人思想的发展。除了精神上的支持，他还在经济上给予大力资助。单粹民在五年的留学生涯中，一直受到单懋统的经济资助。这封家书寥寥百字，句句是激励，字字总关情，体现出浓浓挚亲情。此外，单懋统写此信时，正值北伐战争爆发。当时他多次请求参加北伐战争，但未获得批准。在家书中，他既为北伐战争的节节胜利而欢欣鼓舞，又为自己未能亲临前线而深感遗憾。

三排右起第三者为单懋统

陆更夫 (1906—1932)

名承楠，又名梗夫，化名陈平、张清泉，四川叙永人。1922年就读于成都高师附中。1923年考入高师联中（现四川大学）学习，同年加入青年团。在校创办了《心波》《红涛周刊》等革命刊物。1925年加入中国共产党，同年进入黄埔军校第四期政治科学习。1926年毕业，分配至叶挺独立团，后参加北伐战争。1927年底参加广州起义。1928年任红四师政治部主任，后到苏联莫斯科中山大学读书。1930年回国，在中共北方局从事地下工作，后调至上海，工作于中央军委。1931年任中共两广省委书记。1932年，在香港主持召开省委常委会议被捕，后经营救被释放。同年5月在上海再次被逮捕，在狱中受酷刑折磨，始终不屈。7月被杀害于广州，年仅26岁。

我将到江西省城去了

父亲现在何处？我不知信该交什么地方！母亲近来想也安好无恙！我现在的身体很是安健，能吃苦！不害病，这是母亲和你们都喜欢的！

给希圣五弟的信

1926年11月6日

希圣五弟：

前在高安寄上一函，想已收到。我在高安已住二十多日，现南昌（江西省城）已克服，三二日后，我将到江西省城去了！我们的军队由广州出发，我也由湖南，湖北，江西，将来不知能否到南京、上海。南昌到汉口只需2

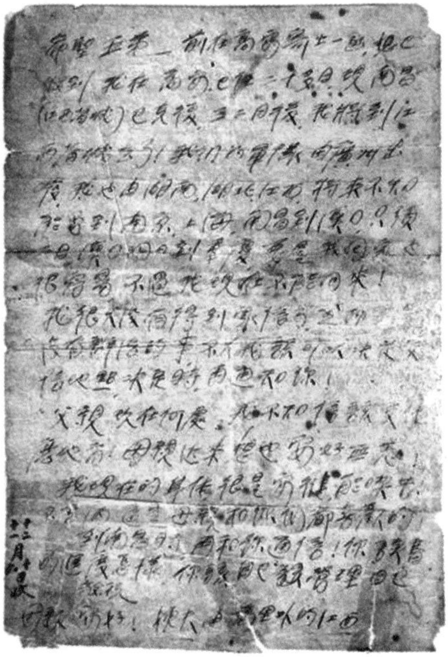

给五弟的信

日，汉口四日到重庆，要是我回家也很容易，不过我现在不能回来！

我很久没有得到家信了，然而这是没有办法的事，不久我该可以决定交信地点，决定时再通知你！

父亲现在何处？我不知信该交什么地方！母亲近来想也安好无恙！我现在的身体很是安健，能吃苦！不害病，这是母亲和你们都喜欢的！

到南昌时再和你通信！你读书的进度怎样？你应该自己管理自己！

敬礼！

母亲安好！

更夫 由万里外的江西

1926年11月6日

背景说明

1926年7月，在国共合作的旗帜下，北伐战争爆发。同年11月，身为叶挺独立团政治指导员的陆更夫，在北伐转战途中，从江西高安给其弟陆承志写了一封家书。由于战乱，这封万里之外的家书辗转一个多月才到四川叙永家中。虽然距今已八十个春秋，这封家书

仍保存完好，字句清晰可见，是陆更夫所寄诸多家信中唯一幸存的遗墨。家书正面是家信全文，字里行间透露着革命的艰辛、行程的飘忽不定和对家人的思念。而家书背面则绘上了北伐战争进军线路略图，供家乡的亲人了解北伐战争的进展情况和陆更夫本人所在的方位。地图旁边还用小字标注：“南昌文物滕王阁被军阀所毁，实在可惜！”烽火下的人物境遇，给这封家书烙下了深刻的时代印记。

王器民

(1892—1927)

又名连斋，广东琼东（今海南琼海）人。小学毕业后随同乡到新加坡谋生。1916年回国，考入上海水产专科学校，后又考入上海大学。1921年五四运动后，与徐成章创办《琼崖旬报》，提倡民主和科学，宣传爱国主义和反帝反封建。同年加入中国共产党。1923年，在广州加入徐成章组织和领导的琼崖革命同志会，创办《新琼崖评论》。1924年，被派往马来西亚、新加坡等地，在华侨中宣传革命思想，动员华侨青年回国参加革命。1925年回国，到国民革命军第四军第十三师政治部工作。1927年，“四一二”政变后不幸被捕，坚贞不屈。同年7月初，被杀害于江门市，年仅35岁。

继我志呵！继我志呵！

惟是对你很是不住，因为数年与你艰艰苦苦，我用全副精神为革命而努力，没有和你享过一日的安闲快乐的日子。我们夫妻可谓因国而忘家，为公而忘私！你虽然体量（谅）我，而我终是觉得对不住呢。

给妻子的遗书

1927年6月28日

我最念的爱妻慧根：

“为求主义实现而奋斗，为谋民众利益而牺牲”。自我立志革命，参加实际工作以来，这二句以〔已〕成誓词，这回谋害我者不断出于三十九团周曾辈，虽然未免有遗憾，但是革命分子既抱定以上二句誓词，即牺牲又有甚么紧要，况且佛家有说过，“自己无入地狱，叫谁入地狱”。革命分子如无肯牺牲，革命是没有成功的日子。我是为大多数人谋利益而牺牲，我的目的达到了。惟是对你很是不住，因为数年与你艰艰苦苦，我用全副精神为革命而努力，没有和你享过

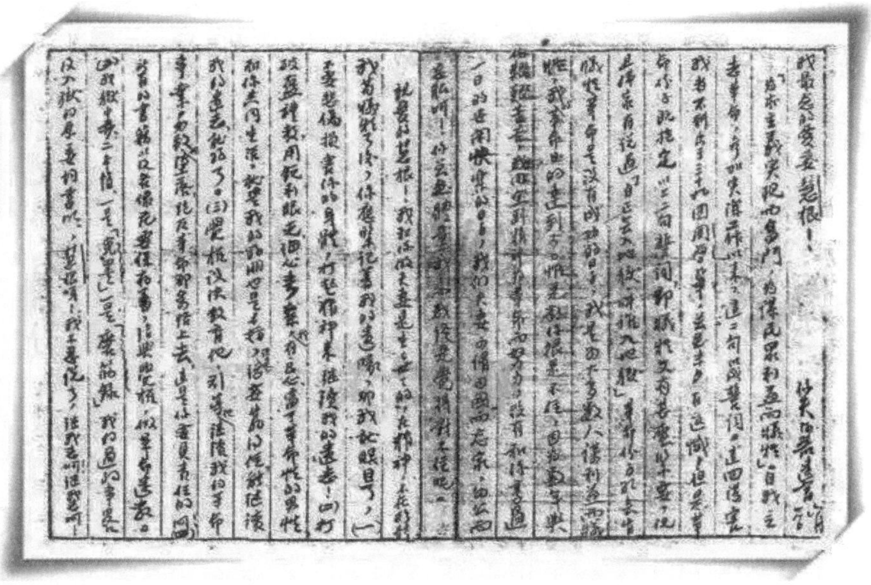

王器民烈士致妻子高慧根遗书

一日的安闲快乐的日子。我们夫妻可谓因国而忘家，为公而忘私！你虽然体量〔谅〕我，而我终是觉得对不住呢。

亲爱的慧根！我和你做夫妻是生生世世的，在精神，不在形体。我苟牺牲了后，你应紧记着我的遗嘱，那我就瞑目了：（一）不要悲伤损害你的身体，打起精神来继续我的遗志！（二）打破旧礼教，用锐利眼光细心考察，找有良心、富于革命性的男性，和你共同生活，就是我的好朋友也不妨，但是总要靠得住，能继续我的遗志，就好了。（三）觉权（即王觉权，王器民之子）设法教育他，引导他继续我的革命事业，勿致他堕落，跑反革命那条路上去，这是你要负责任的呵！（四）所有的书籍以及各像〔相〕片要保存着，给与觉权做革命遗教。（五）我狱中抄二本薄〔簿〕，一是

《冤墨》一是《磨筋录》，我所（经）过的事略及入狱的原委均书明，慧根呀！我不忍说了，继我志呵！继我志呵！

你夫阿器遗书

六月廿八日

背景说明

1927年，继上海“四一二”反革命政变后，广东的反动派也发动“四一五”政变，向工农革命群众开刀。第十三师的反动派在国民革命军中大肆逮捕共产党员和国民党左派，王器民不幸被捕，被关进江门市监狱。他虽身陷囹圄，仍同敌人进行顽强的斗争。面对敌人的严刑拷打，他始终坚贞不屈，严词痛斥反动派。临刑前，王器民给妻子高慧根写下了这封绝笔遗言。在信中，王器民抒发了为实现共产主义理想而不惜牺牲一切的豪情壮志。然而想到要与同甘共苦的妻子从此别离，他的心中充满了愧疚和眷恋。他希望妻子不要因失去他而悲伤，叮嘱她和孩子们要继续自己的事业。这些掷地有声的话语，不仅打破了旧礼教，而且超越了个人情感的束缚，昭示了一个英勇无畏的革命者仁厚无私的博大胸怀。

钟维元

(1910—1928)

又名庚招，号新民，广东五华人。1925年考取五华一中，对新文化、政治理论颇有研究，同年成为当时党的外围组织“新学生社”的负责人之一。他博闻强记，擅长撰文讲演，积极领导学生活动，在学生中享有很高的威望。1927年，五华县“孙文主义学会”头子张谷山被处决，当地反动政府为其立碑。钟维元悄悄地把碑上“重如泰山”的字样铲掉，涂上“轻如鸿毛”，在县城引起轩然大波。学校奉命严加追查。他索性发动进步同学，连夜把纪念碑夷为平地。1928年他从五华一中毕业后，经进步人士介绍在当地转水镇任教。大革命失败后转入地下斗争，继续领导群众坚持斗争。9月23日晚，因叛徒告密被捕。11月4日被杀害于华城雷公墩。

孩儿立身之世，
自应裨益于国家与民族

当此生灵涂炭，民族垂危之际，苟安者耻，麻木不仁者恶。血性青年莫不投笔从戎，身先士卒，先国而后家……

写给父亲钟雄亚的信（节选）

1927年4月

……有道是“天下兴亡，匹夫有责”。当此生灵涂炭，民族垂危之际，苟安者耻，麻木不仁者恶。血性青年莫不投笔从戎，身先士卒，先国而后家……

读书求明理，不为俗所囿。孩儿立身之世，自应裨益于国家与民族。纵然世乱纷纷，杀机四伏，困守家园，又安能幸免？覆巢之下焉有完卵？！……

背景说明

1927年4月，“四一二”反革命政变后，国民党宋世科部“驻剿”五华，伙同地方反动武装张九华军队，实行烧杀

抢掠，五华到处血雨腥风。钟维元之父钟雄亚当时远在上海中国公学，担心儿子的安危，他以“世乱纷纷，杀机四伏，不能外出”为由，劝儿子维元在中学毕业后，息影家园，安分守己。然而，在血雨腥风面前，钟维元不为所惧，大义凛然，给父亲慨然复了此信。一个17岁热血青年，难得有此救国救民的磅礴大志，真是掷地犹作金石声！

（供稿单位：中共五华县委党史研究室）

沙文求 (1904—1928)

又名仲己、端己。浙江鄞县（今宁波鄞州区）人，早期中国共产党优秀党员，广州起义后牺牲的著名烈士。1925年春，进入上海大学学习，受瞿秋白、邓中夏等同志的启发，开始接触马列主义。同年秋，转入上海复旦大学。“五卅”惨案发生后参加当时有名的南京路示威游行，同年底加入共产党。1926年受党指派，回故乡发动与组织农民运动。北伐战争中奉调赴广州，在中山大学与陈铁军等革命者一起与校长戴季陶展开斗争。“四一二”政变后，转入秘密活动，根据党的指示谋划广州起义，任赤卫队长等职。起义失败后，化名史永，任共青团广州市委秘书长。1928年8月被捕，牺牲在广州红花岗，时年24岁。

我想把人生求得一个美满的解答

当我飞向“太阳”的时候，我觉得非借助于学校不可；当我飞向“火星”的时候，又觉得非脱离学校不可。飞向“火星”时之毫无踌躇地摒弃学校，只于拟向“太阳”时之忍痛苦争地走入学校，都无非为服从理智的判断，决不为世俗偶缘所囿。

致嫂子陈修良（道希）

1927年8月22日

道希：

来函收到可有三天了，前日动笔作复，以诸事之纠缠不曾竟功，今天也不去继续了，还是另写一回畅快！

没有接到你这一次来信的前几天，我已经写好了一封信拟寄武昌，但因邮费无着，不能不搁在抽屉中，等到你“跳到上海”的消息传来了，我才知道即使把前书已经付邮也是空劳。

你到上海了，去年今日你也是在上海。去年今日的上海

沙文求烈士故居

和今年今日的上海不过是半斤八两，但是去年今日的你已不是今年今日的你了——你自己也承认的，出洋以后有多方面的进步。这一点是我为上海而惆怅，为你而庆幸的。

来书说“我还希望在大学读书”那句话不对。我记得很早已经对你申辩过了，为什么你还不曾明白我的意思？在我自省时，我还以为自己恐怕太轻视学校生活了，不过细想起来又觉得不至于。忠实地告诉你，我自出效实（即宁波效实中学——编者注）后很相信自学要比进一个普通的大学有价值，只因有种种的掣肘所以不能毅然见诸实行。入“上大”是哥哥重视社会偶像的作用；进“中大”是生活萎枯时的一种流转，只有投考复旦理科是自己严格决定的。那时的愿望是想由复旦转学“北大”去研究最渴望的理论物理学。请你不要笑！我对你说，我生平很想把人生求得一个美满的根本的解答。但是这又不能不先有一种正确的宇宙观，而宇宙观只能从科学的方面尤其是物理的方面去努力方能正确。我在中学时代，因生活中很多激刺，心神常在一种激荡的状态中，所以虽然对于数理学有酷爱的性情，也不能有殷勤的努力。所以我在中学毕业后，实际上，数理的根底很是薄弱。但是我那时的思想既如上述，同时又于社会科学毫无研究，同时又对于一般的漠视宇宙人生而役之于金钱生活的人们发生了强烈反感，因此分外使我坚信自己当时的思想而去实行。在复旦的半年可说是不顾“手足”之赤寒而作辛苦（精神方面的）之战争。这样忍心的苦战只是因为认科学（狭义的）为最不朽的学问而作“向太阳”之“飞”。这也算是我根据理智而不肯苟且的努力，虽然在今思之，那时的认识事物是有很多的疏忽，但是我终是忠于理性并且与理性融而为一。并且，我现在还深信太阳是飞得到的。不过现在因有新增的认识因之志愿不能不受其影响。现在的志愿，与其直接飞向太阳，毋宁先向火星。所谓新增的认识主要的，不消说，是社会的认识。在从前我只觉得认识社会的重要决不亚于认识宇宙的重要，但是不曾有认

陈修良照

识；现在敢说有了相当的认识了。生活不过是应付事物的一种活动，如果事物能够认识得清楚，应付的方法就算不得什么大问题。现在“太阳”和“火星”，在大体上我已认识清楚了，因此我的应付方法，在大体上也决不至于错误。当我飞向“太阳”的时候，我觉得非借助于学校不可；当我飞向“火星”的时候，又觉得非脱离学校不可。飞向“火星”时之毫无踌躇地摒弃学校，只于拟向“太阳”时之忍痛苦争地走入学校，都无非为服从理智的判断，决不为世俗偶缘所囿。我自信如此，问道希能信我否？

（知、情、意之类的名词都是唯心的哲学家所最喜道的，但是我们在说明个性的时候采用之自有充分的价值，虽然我们不是唯心哲学的信徒。）

我早已不只决心出洋，实行出洋了。但你赴柏林，我赴康士坦丁堡，所以出洋期中的进步，即使你我的天资相等，我决不能和你相比拟，何况你的出发期又要早过于我。道希你老顺风！我祝你顺风！我想你也必定会祝我的顺风，可怜我恰不顺风！但是无妨，不顺风由它，出洋由我。鹞子要是畏风，还能飞渡大海搏击鱼雁吗？！

啊！且休大意！要达到不畏风的目的，毕竟要有御风的伎俩才胜。在目前这样暴风雨之下，究竟用怎样的伎俩去御驶呢？

我不主张立时回浙。因为：（1）有许多有用的书籍不能不委弃（你的、我的、姜君的、张君的都有）；（2）又要向大哥索旅费，我从前已郑重对他说明以后不再拿钱；

（3）有一部分乡亲是不能重见；（4）在回来后未必有多大的工作可干（这一点比较不重要），不回乡有两条路，入伍和另找职业（自然他方面还要干些事）。在前周我本已决意入伍，但是现在这个主意不能不放弃，因为当局对于入伍生猜疑异常，前几天已彻底地缴了军械。所以现在的办法是再找职业。如果能够找到，最低限度要积聚一笔回沪的旅费；或者，工作能顺利时就向前赶去；或者，工作不甚顺利也就暂留此间看些书，看以后局面如何再立主意。目前我新的职业还未找到，仍在康矛中学当教职。近数日来我们是分专责教授固定的部分，不像从前互相通融。

文求

背景说明

这是沙文求在白色恐怖时期写给嫂子陈修良的信。这封信中将学习科学知识比喻成“飞向太阳”，将离开学校参加革命比喻成“飞向火星”，他表明自己坚定的革命决心，从科学知识的学习转至认识社会、改造社会的实践学习。沙文求清醒地认识到在课堂上学习到的科学知识不能解决社会的现实问题，只有走出校园，参加革命才能拯救水深火热之中的中国。

致大哥沙孟海

1927年4月14日

大哥:

这次来信居然用钢笔墨水了，用横行式了，用语体了。“暂搁古籍，一意求新的知识”，这是最贤明的主张。古籍中所云，真是大〔太〕无聊了。其实何止是这种国故，即为现代中国的名人学者和欧美留学生们所崇奉的唯心派的哲学，反动性的社会科学等，也实在是同样的无聊。你或者听了上面的话，要说我是不分黑白滥加批评了——这是难怪你的，因为我不是一个研究家，是谈不上学术的一个人。但是我的批评确是有所根据，并不是瞎断盲从，也并没有什么感情作用。我自信我自己确实具有判断它们的慧眼。因为第一，无论哪一种学说，哪一家哪一派学说，纵然累篇积幅，读不胜读，可是毕竟它们都是有组织的，有系统的，有中心思想和观点的。第二，因为理论都是从事实中观察出来的，而我自己的生活和所住的社会，便是供给我观察事理研究事理的最真实的对象。有这两种缘故，所以虽然不学如我，只要能把自己的心地放得宽广一些，诚实一些，毕竟也就能够对于好多伟大的著作家之学说，可有相当的批评。我的批评各种事实和理论的根据，都是从这一方面获得的。

我希望你读哲学书籍时，必要先读唯物派的著作（在唯心派的著作中去读唯物派的论说，那是非常不好）。读社会科学时，必要先读马克思派的著作。这是非常紧要的，尤其是你。为什么说尤其是你呢？因为你是编辑先生，是资本家或资本社会的豢养物。换句话说，你的生活，作唯物主义马克思主义者的眼光看来，是接近于反动性（资产阶级性或资本社会性或保守性）的理论。思想不是超然独立的东西，它是物质生活的反射。正如介子推说，“言，身之文也。”过商务印书馆编辑生活的人，如果不先读唯物派的著作，那就很容易受反动理论的笼罩。这是不可不注意的。要明了中国的政治现状，尤不可不订阅马克思主义者所发行的《向导周报》。

要我谈对于国民党的意见，我以为倒不如谈一谈中国革命的情势。因为在谈中国革命的情势中，你自然可以看出我对于国民党的意见了。但要谈中国革命的情势，不得不先把几个基本观念来说一说。第一，中国不是资本主义的社会，不过是稍微资本化了的一个社会。所以现在的革命，不是一种社会（主义）革命，而是一种各阶级联合共同要求从资本帝国主义和半封建军阀统治下解放出来的国民革命。在反革命方面，地主劣绅等是军阀政治的基础，买办奸商是帝国主义者的走狗；而在革命的方面，各阶级间有一定的利害关系，各有其自己的阶级性，并且在各时期内又各有其表现。有产阶级只需要民族的资本主义的民主制，而反对社会主义的农工专政的共和制；无产阶级和一切贫苦的劳动者则适与相反；中产阶级则可左可右，而没有第三种属于本阶级的独立的政制。第二，参与革命者的行动和理论，只有在客观上是拥护资本主义制度，给资产阶级以最大利益，反对社会主义制度，给农工阶级以最不利的，那便是资产阶级的革命者。同时他的理论便是资产阶级性革命理论。不管他的主观的心理怎样，我们总是这样地按照客观的事实来判定他的阶级性。判定哪一个是无产阶级的革命者，哪一个是小资产阶级（中产阶级）的革命者，也是按照同样的方法把上面一些观念确定了，接着就可以谈中国革命的情势了。

从辛亥革命到五四运动，在这一个时期内，完全是资产阶级性的民主主义的革命。因为那时候革命的对象是封建的贵族专制政治，而所持的又都是一些富国强兵的议论。“五四”以后，一直到北伐军克复武汉这一个时期内，无产阶级和资产阶级．互争领导权，而卒被无产阶级占得了领导地位。到了这个时候——克复武汉以后，革命的局势已经一变而转入一个新的时代了。革命势力奄有半个中国，这样地区大大的扩展，是从前所没有的。帝国主义在华的势力，尤其是英帝国主义在长江的势力，受了莫大的打击，收回租界——虽然还有一部分残余势力保留着，但这些是世界的问题，而且在目前则处于革命势力严厉的监视之下，既不能勾结北方军阀，所以对于革命运动已没有多大的影响——这也是从前所没有的。军阀，尤其是统治中国有年的直系军阀，受了致命的打击，这又是从前所没有的。民众组织骤然的发展，湖南、湖北等处组织的农民，均以数十万计，革命的斗争，从城市而扩展到乡村；上海工人政治的总同盟罢工和武装暴动，这些又是从前所未有的。各帝国主义尤其是日本帝国主义者知道革命势力已不可侮蔑，于是大变其策略，欲借亲善的口号抓住所谓稳健派以软化分裂革命势力，这又是从前所未有的。凡此种种，都足以表现新时代的临到。而接着南昌方面之妥协趋势，尤足以显示资产阶级的革命者之欲脱离革命战线，甚而至于走入反革命战线。同时武汉方面发起之拥护党权运动，尤足以证明小资产阶级革命者之拥护革命，继续为农工努力，这便是中国国民革命的第三阶级——由工人、农民、小资产阶级（城市的中小商人与乡间的中农等）三大势力共同建设农民的民主制（与资产阶级的民主制划然不同）的新时代降临之初兆。

辛亥以来，国民党已经多次之蜕化而有今日。国民党的领袖中途变节，亦不止一次。在前则有宋教仁、黄兴、李烈钧之与袁洪宪妥协，在中则有西山会议派之与段执政妥协，在目前则张静江、蒋介石、戴季陶之与日本帝国主义妥协。革命势力在危殆万状之状，以妥协的手段暂缓反动势力之进攻，原非绝对不应有的事情，惟在今日的中国，不只不足革命危殆之状，而且恰恰相反，今日的妥协，完全是要消灭孙总理的联俄、联共、（扶助）农工三大政策，是要消灭改组以来的国民党之革命精神，是要勾敌（帝国主义者）以戕友(CP、苏联），是要摧残革命的主人翁农工，是要拉着中国社会到资本主义经济的路上去，到封建政治——军事独裁的路上去。总之，今日之妥协，是反动的预兆。因此，此次党权运动在中国革命的历史上实有莫大的意义。它不只是国民

〔注〕

CP即共产党的英文简称，全称为the Communisit Party。

党的生命运动，而且是国民革命的生命运动。一般满脑封建思想个人主义思想的批评家，遇见一桩事情，终是不肯站在革命的观点上和人民特别是农工的立场上去批评。所以对于这一次党，权运动，也以为只是一种某人与某人、某派与某派，或某党与某党之权力欲的抵触，或是感情的不睦。固然，一种纠纷发生之时，必有权力上的作用和感情的附着，而不知各方面各有其所主张的政治形式，所要求的经济制度，所代表的人民阶级。凡是有阶级抵抗的社会中，没有一次政治上的运动是不含有阶级的意义的。党权运动自亦不会独异。它完全是如前所说无产阶级和小资产阶级挽救中国革命的大危机——资产阶级与帝国主义妥协的一种运动，但它还不过是这种运动的发端，而不是告终。

三弟、五弟如果乡间没有重大的职务，当然应该叫其出来。出来了，五弟身上的用费一定是要你负担的，三弟身上则必使其能够自给——这是可以办到的。现在武汉方面政府设立的（都是公费）制造党政上、军事上以及其他各种职务上之人才的机关一定很多（因为此间也很多），三弟的力量，只要稍稍准备一下，可以进去的。五弟如果出来了，也要叫他到武汉去。不过这些都是下半年的事情，现在当然不能实行的。现在只能准备和讨论。

我拟于暑期中往武汉，等我去了武汉，那时，对于三弟、五弟的事情一定能够比较容易地依照上面的方针去进行。此刻我还在广州，并且对于宁波方面的情形也一点都不知道——因为那方面已很久没有信来，所以只能说这一种很简单而且活极的办法。你以为这个办法怎样？至于我自己，我想下半年不要你供给学费了。

十四叔现在仍在掖县公署吗？

惠之现在让四弟去管理，很好。

听到你的“盛传道希将来宁波做鄞县县长”那句话，不禁叫我又想到未庄——见《呐喊》中——的风光，你居然也会说“果有之否”。道希去长沙后，只有来过两封信，近来已好久没有听到她的消息了。

前次寄我的钱……已经就要用完，余下的不过十几元。我每天想写信到你地方来索钱……

背景说明

沙文求先后就读于上海大学社会系、广东大学（中山大学前身）哲学系，学有所成，思想焕然一新，对中国社会的现状有了更深一层的了解与思考。在这封写给大哥沙孟海的信中，他阐述了学习阅读马列主义著作的体会，表达了对中国革命和国民党的个人看法，鼓励弟弟们投身于革命的洪流中。

致五弟沙季同

1928年6月9日

五弟：

若是家况还不很凄楚，我尚望你去西张一探我的朋友正夫和四弟。你在这一次旅程中可以去体念〔验〕人生的苦乐的意味，促起你的未来的努力的勇气。

你入得成劳动学院吗？到那面去是好的，必能使你的生活更加切实。

现你的努力从第一次起已经过几次的振作？这种勇气维持好久？现在是不是还有余勇？在我的意料中，现在你的心里或许仍然有多余的勇气，恐怕在实行上已是消沉得很了。在暑期临头学校放假的现在，天气又是炎热得很，我很想你的努力必然的要消沉一下。在这夏季中我告你两件紧要的事情：（一）不要留恋夏夜（而）放弃夏季的早晨。（二）流汗读书做文可以却热。这“却热”二字并不是空话，我在杭州时实在得了这个经验。只要你静心试去，自然不会错的。

你要我送书，但是现在经济的来源非常缺乏，连买信封邮票的钱都很困难，要买书给你真是难得很吓〔呀〕。

济南事件及于上海的影响如何？中国，只有像你和我被社会挤在幸福以外的人能够担负得起改造的责任，尽管社会是这样幽沉，家庭是这样悲惨，你可硬着心肠不去理会，镇定地努力向前，别要受其同化，尚武炼〔练〕体，虽然得不到一剑，一场，一书，一教师，你要刻苦自振，在这中间去磨砺你的志气。虽然在智慧的训练上受不到社会的教育，你要以百倍的勇气去抗争这个不幸，在一切技术的刻苦练习中去激励你的精神的意志，在这个坚强的意志之下去增进各种的技能。

兄求

六月九日

背景说明

1927年底，奉化暴动失败后，沙文求的五弟沙季同被土豪劣绅所捕。敌人把他装进麻袋，意欲投入河里，幸经乡人保释未死。沙文求得悉此事后，给五弟写了这封信。在信中，沙文求勉励其弟勤早起、多读书，继续为革命积蓄力量。即使生活穷困窘迫，但依然要刻苦自振，磨砺意志。因为他深信，只有他们这一类人才“能够担负得起改造的责任”。

谭作舟

(1903—1928)

广东阳江人，阳江农民运动领导人。少年时目睹军阀混战、爱国运动兴起，胸怀救国救民大志。1924年，到广州参加革命斗争。1925年8月回到阳江，与敖华衮等在二区雅韶乡建立农民协会。1925年9月至12月，进毛泽东主办的广州农民运动讲习所第五届乙班学习。学习期间，加入中国共产党。毕业后，以国民党中央农运特派员名义派出从事农民运动。1926年5月调回阳江，补选为国民党阳江县党部执行委员、中共阳江县支部委员，并任阳江县农民自卫军大队长，带领群众开展轰轰烈烈的革命斗争。1927年“四一二”政变后，在阳江遭国民党反动派逮捕。1928年，被杀害于广州，年仅25岁。

人之生死有命，非分所能为

我前被诬陷，当此黑白莫分时期，无有得力人事，对于省释希望谅亦难耳！想起坐监，乃运数有定，而且人之生死有命，修夭有数，非分所能为。我既至于此，惟有乐天知命而已耳！

给五弟谭作楫的遗书（一）

1927年5月27日

五弟如握：

冤狱久陷，转瞬年余，强壮者化为枯萎，体弱者多罹死亡。广州特别法庭自新历五月一号起开始审讯清党政治嫌疑犯人，现已陆续提审我与启沃及同乡各人，于旧历三月下旬已提解广州公安局候审，闻得特别法庭经审后决定办法数项：（1）有审后定罪十年或三五年及数个月者；（2）有处死刑者；（3）有准保释放者。我前被诬陷，当此黑白莫分时期，无有得力人事，对于省释希望谅亦难耳！想起坐监，乃运数有定，而且人之生死有命，修夭有数，非分所能为。

我既至于此，惟有乐天知命而已耳！陈桂邻姆现已抵省，本日来探交来五元，我收到了，你有便了通知大人为好。德铎宗九之数，我有函给信孚伯代为追讨，如信伯能面见谅必有多少给还，衮兄之数不知何往，无从追问。现在局内不准自由通信，你勿写信来我，待审后解往何处，我必达知你。前者家中寄来衫裤及票“赎出”，俱存信伯处，因不须此物用也，我身体平安，余不尽言，手此顺祝康健。

旧四月廿七日三兄作舟手启

背景说明

1927年4月15日，当国民党反动派发动“四一五”反革命事变时，谭作舟在阳江遭国民党反动派逮捕。1927年5月27日（农历四月二十七日）在狱中，他忠于革命，英勇不屈。他写了一封遗书给其五弟（谭作楫），控诉国民党反动派的罪行，表现了共产党员宁死不屈的革命气节和革命乐观主义精神。

谭作舟（右一）

给五弟谭作楫的遗书（二）

1928年左右

弟弟：

我今为革命死矣，死得其所，望弟继吾志愿。

背景说明

这遗书是谭作舟入狱后得知敌人要屠杀革命志士时，在狱中一内裤上写下来的遗书，写好遗书没多久，他于1928年9月5日被杀害于广州，牺牲时年仅26岁。烈士的一意为革命，视死如归，于此可见。这遗书是革命同志张乐华1929年于狱中穿过谭作舟遗留下来的内裤而发现的。

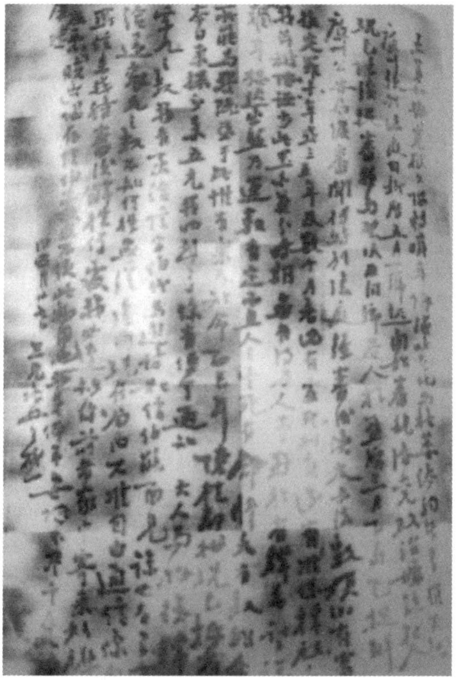

谭作舟给五弟的遗书

（供稿单位：中共阳江市委党史研究室）

李锡福

(1902—1928)

又名李亚安，广东化州人。1924年，就读于高州广东省立第五师范学校，期间广泛阅读进步书籍，团结进步学生，宣传革命理论，后加入中国共产主义青年团。1925年加入中国共产党，同年冬，被派往广州湾（今湛江）受训，受训完成后派回化县从事农运工作。1927年“四一二”反革命政变后，南路各县市逮捕农会骨干和进步青年，革命活动出现低潮。1927年8月，当选为南路农民革命委员会委员，后分工到信宜县（今茂名信宜市）组织怀乡起义。1928年3月4日下午，在南安圩被国民党反动派逮捕。3月6日拂晓以解往廉江何春帆师部审讯为名，在三里坡范公墓侧被杀害，时年26岁。

请教康瑞成人，以代余志

至书籍一项，请整理藏好，以便小女为用，而祈成为一有用之人。

给妻子朱汉珍的信

1928年3月

予今被执，事出意外，如果余若死于无辜，请教康瑞成人，以代余志。至贤妻若在家爱孀守，则余虽在九泉亦能瞑目；至家资一层，极其贫苦，尚望节俭以畅财源，奉姑一事请恭敬慎厚为盼。

夫锡福嘱

至书籍一项，请检齐藏好，以便康瑞小女为用，而祈成为一有用之人。

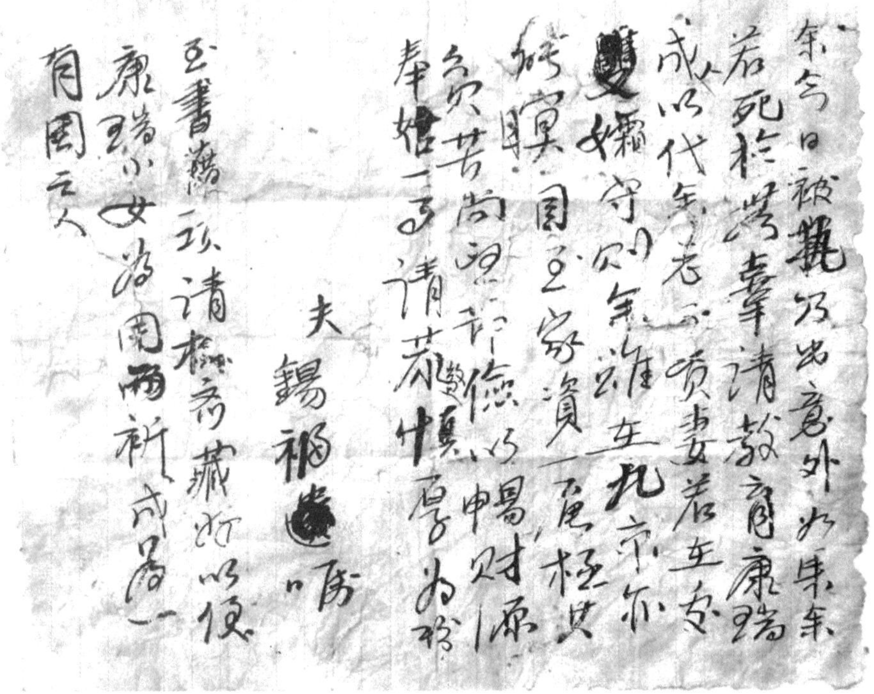

李锡福遗书

背景说明

这是李锡福在化城狱中写给妻子朱汉珍的信，信中说明了自己被捕的缘由，但又不便明说，只讲“事出意外”，并对自己的身后之事作了交代：希望妻子能将女儿康瑞尽心抚养成人，继承父志；用有限的家财照料好自己的母亲；将家中书籍整理收藏，为女儿将来使用，对女儿的未来寄予了殷切期望。

（供稿单位：中共化州市委党史研究室）

黄大钧 (1900—1928)

又名大经，字秉和，广东阳山县人。少年时聪明勤奋，思想要求进步，读书成绩超群。1925年，考入广州政法专业学校。同年6月23日，参加广州各界十多万人示威游行。1926年，考入中山大学预科班，抗议帝国主义制造“五卅”惨案。后在广州组织“阳山县留省同学会”，并被公推为特派代表。1926年3月，一面参与成立国民党阳山县党部筹备工作，一面积极发动农民参加农民协会，成立阳山县农民协会，组织平民集会、示威游行，提出“打倒土豪劣绅”等口号。1927年12月11日，参加广州起义，不幸被捕。在狱中被严刑拷打，仍坚贞不屈。1928年5月，被国民党反动派杀害，牺牲时年仅28岁。

不孝儿竟先我父母而死矣

我妻少年丧偶，殊可哀怜，我死之后，可劝其改嫁如意郎君，借图此后人生乐趣。我平昔主张夫妻道德，妻死再娶与夫死再嫁同一理也。

给父母的遗书

1928年5月4日

儿死矣，不孝儿竟先我父母而死矣。儿之死为革命而死，为革命而死诚得其所，故不悲亡。儿一死而能救天下许许多多之父母，许许多多之儿女，儿之死不虚死矣。

我妻少年丧偶，殊可哀怜，我死之后，可劝其改嫁如意郎君，借图此后人生乐趣。我平昔主张夫妻道德，妻死再娶与夫死再嫁同一理也。旧社会以“贞节”二字单纯放在女人身上，是我绝端反对之举，望我妻敢其勇气，冲破旧礼教蕃〔藩〕篱，以作解放新人物，我有荣焉！我坐监之费，可移作给儿读书之资，俾读书有成以报深仇大恨，明儿有钱则多读几年，无钱亦无不可，此非父母之过，乃旧社会罪恶也。

炳弟性情纯朴，玉弟无挑挞之风，我死之后，可劝其家另找职业。以现在家庭而论，倘兄弟合力，想老祖母亦不会至于受饥寒也。望父母视儿之死，死于风雷也、水炎也，勿复以儿为念。僧尼不耕而食，不织而衣，望我父母勿受其骗，以重我罪。……我之遗骸可置之不理，他日红花岗上党人冢成，是我埋骨之所也……

祖母风烛残年，即将就木。我死之后，倘若有灵，当在阴曹清除道路，以迎我老祖母安步归来也。现儿于将死未死之时，仅以我父母所赋予之口舌，大呼以祝，父亲母亲健康，父亲母亲万福无疆。

不孝儿黄大钧字秉和书

一九二八年五月四日

背景说明

此信的原件已遗失，信件的内容由革命老同志梁受英口述。黄大钧是广东阳山县七拱四方楼人，1927年参加了中国共产党领导的广州起义，不幸被国民党反动当局逮捕，敌人要杀害他。1928年5月4日临刑前，他给家中父母写了一封信，这封信传了几代人，几经辗转后，原文虽佚，但凡读过此信的人，无不刻骨铭心，好些人甚至把原文背得滚瓜烂熟，终生不忘。

（供稿单位：清远市阳山县史志办公室）

陈必灿 (1907—1928)

广东阳江人。小名阿统，年幼聪颖而有大志，勤学而成绩优异，1925年秋，毕业于阳江县立中学，后到广州升学，在广州加入中国共产党，被组织派回阳江从事党务和工运，任国民党一区党部常委，革命工作很得众望。1927年，“四一二”反革命政变后，国民党反动派于4月15日在阳江县展开大搜捕，陈必灿被捕入狱，于1928年9月5日在广州英勇就义，年仅21岁。

儿之为此，即所以应天道顺人心

今也天涯地角，隔绝阴阳，绿草清风，长邀夜月，魂兮不渺，应来父母之前；心实有灵，惮听兄嫂之哭。惟是天恩未报，殊深遗憾于今生。须知子道常存，定必酬还于再世。

给父母亲的遗书

1928年8月15日

父母亲大人膝下：

跪禀者，儿今死矣，两大人二十二年之教养，一朝遗弃矣。兄嫂友爱之提携，亦归于乌有矣。儿之先母、长兄、三姊、八姊、九姊及幼侄，已在九泉呼儿之名而待儿之叙首矣。嗟乎！人谁不死，所差者轻重早迟耳。今儿之死时虽早，而名则重也。儿呱呱堕地时，已带一点慧根，与人儿异，此是阿母常说之言且夸耀于人者。及儿长也，得两大人之训诲，师友之教益，虽无英豪伟大之怀抱，亦不敢违天生我才必有用之意旨也。然因天赋于儿之厚，故儿之感触亦良苦。盖儿生适乱世，睹生民之涂炭，社会之不良，有令儿不能恝然置之者；况儿个人亦感有切身痛苦在乎！是以投身党国，参加革命，冀幸救斯民于水火之中，登于衽席之上，而不负十余年之所学，救人亦足自救也，夫天存好生之德，人有恻忍之心，儿之为此，即所以应天道顺人心，非自私自利者可同日而语。讵知天道靡常，人心叵变，顺天者反致逆天，救人者转为人害，乃竟以此而贻两大人无涯之哀痛。吁！主宰者已是如此安排，儿何恨哉！圣人忧世，降麟以终，儿虽不敢望先圣于万一，然儿死之后，明智者当能认识，社会定有公评，今日之死，适足为异世之光，两大人且享其训子有方之荣誉，生儿如此，两大人又何以悲为？设使儿生而庸庸昧昧，茫然乎人生之意义，与世相浮沉，不为大丈夫应为之事业，是有生亦等无生，两大人有子亦即无子，何足贵耶？今儿先天下之忧而忧，且为谋多数人之幸福而死，生不负于有生之时，死能名于已死之后，此则儿虽死实为不死，两大人无子实为有子，幸何如之！今也天涯地角，隔绝阴阳，绿草清风，长邀夜月，魂兮不渺，应来父母之前；心实有灵，惮听兄嫂之哭。惟是天恩未报，殊深遗憾于今生。须知子道常存，定必酬还于再世。最痛心者，双亲年老，奉养需人，不无泣血九泉，哀伤五内矣。斓斑墨泪，著纸糊模，生不能话别于父母之前，故拟此为最后之禀命。

〔注〕
材料来源于第一二次国内革命战争时期《中共阳江革命斗争史料汇编》和根据2000年版《阳江县志》资料整理。

谨此虔祝

双安并致兄、嫂暨侄儿吉安！

将死之儿子阿统留禀

古历七月初一日写于公安局扣留所七仓

背景说明

1925 年，陈必灿在广州参加中国共产党，任国民党一区党部常委。1927 年，蒋介石在上海发动“四一二”反革命政变后，阳江的国民党反动派于 4 月 15 日在阳江县展开大搜捕，陈必灿被捕入狱，在狱中受尽折磨，坚贞不屈。1928 年 8 月 15 日（农历七月初一日），在狱中撕下白色柳条底衣写下给父母的遗书。遗书中说：“嗟乎！人谁不死，所差者轻重早迟耳，今儿之死时虽早，而名则重也……盖儿生适乱世，睹生民之涂炭，社会之不良，有令儿不能恝然置之者；况儿个人亦感有切身痛苦在乎！是以投身党国，参加革命，冀幸救斯民于水火之中……儿之为此，即所以应天道顺人心，非自私自利者可同日而语……”充分表达了共产党员的革命精神和革命情操。1928 年 9 月 5 日，也正是遗书写后 20 天他就在广州英勇就义。

（供稿单位：中共阳江市委党史研究室）

张云峰 (1900—1928)

原名张铭枢，广东南海（今佛山市南海区）人。少年时在家乡协助村民开办显纲小学，并义务当教师，兼任文书。1923年到佛山镇猪肉店当工人。当时佛山工人运动蓬勃发展，张云峰积极投身其中，并在共产党员梁复燃等人的教育影响下，于1924年加入中国共产党。屠宰工会成立时当选为工会书记。1925年春，佛山工人代表会成立，被选为执行委员，并担任秘书。1927年1月，佛山农工商学联合会成立，兼任书记。张云峰除在佛山从事工人运动外，还多次返往南海县第四、九区及家乡协助当地群众组织农民协会，开展农民运动。

我是笑的死，不是哭的死

张云峰烈士墓雕像

只觉得对你们不住，未报天高地厚之恩，所以为憾矣。

给母亲和妻子的绝笔信

1928年10月6日

母亲、浣娥：

还有二点钟，我就要受死刑了，我是笑的死，不是哭的死，请你不用悲伤，当我成了佛。只觉得对你们不住，未报天高地厚之恩，所以为憾矣。苦命的母亲，请浣娥扶持扶持，好了，永诀了，来生再见罢。

云峰绝笔

十七、十、六日

背景说明

1927年4月15日，广州国民党反动当局发动反革命政变。翌日，佛山的反动军警查封佛山工代会址、中共佛山支部所在地祖庙大魁堂，并四处捕杀共产党员和工会骨干。4月18日，在参加中共佛山支部组织的收复大魁堂战斗中，张云峰不幸被捕，后被押到广州南石头监狱。1928年10月6日壮烈就义，年仅28岁。就义前两小时，他写了一封绝笔信给母亲和被捕前40天刚结婚的妻子叶浣娥。绝笔信字迹苍劲有力，充分表现了烈士视死如归的大无畏精神和对革命前途充满信心的坚强斗志。

（供稿单位：佛山市南海区委党史研究室）

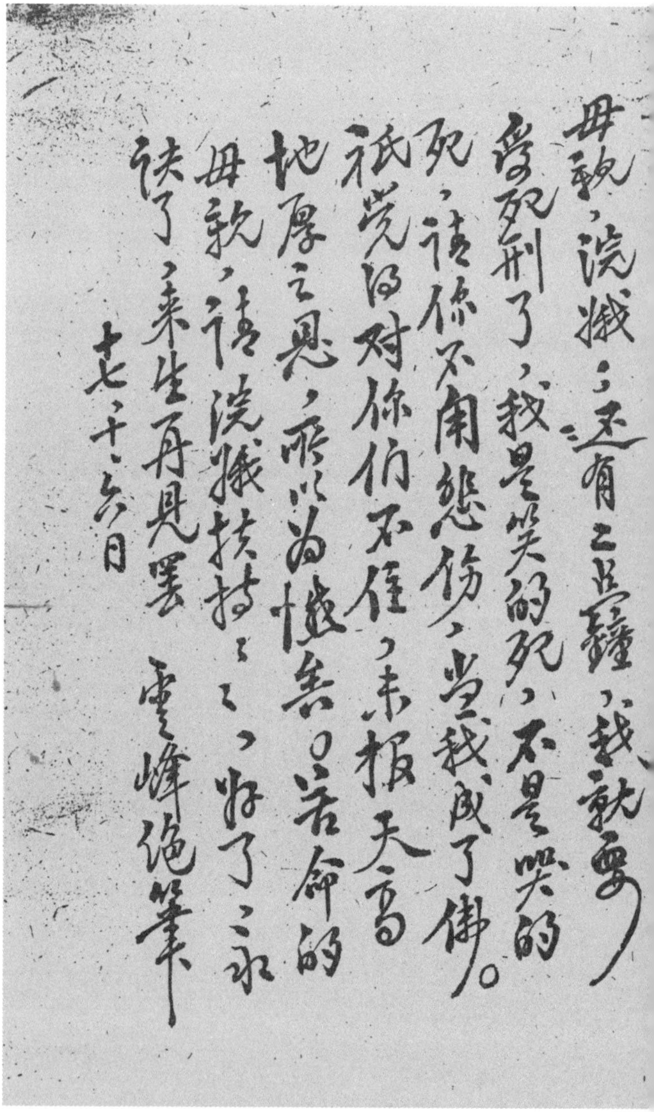
母亲，浣娥，还有二三点钟，我就要受死刑了，我是笑的死，不是哭的死，请你不用悲伤，当我成了佛。祇觉得对你们不住，未报天高地厚之恩，死以为憾。苦命的母亲，请浣娥扶持扶持。好了好了，永诀了，来生再见罢。 云峰绝笔

十七，十，六日

张云峰绝笔信（写于1928年10月6日）

杨　殷　(1892—1929)

名典乐、夔礼，字孟揆，化名吕云峰。广东香山县人（今中山市）。省港大罢工的重要领导者之一，1927年广州起义的组织发动者之一。早年加入同盟会，1917年，担任孙中山卫队副官兼大元帅府参军处参谋。1922年加入中国共产党，并组织工人运动、粤汉铁路工人大罢工。张太雷阵亡后，担任广州苏维埃政府代理主席。1928年，当选为中国共产党第六届中央委员会委员。1929年，因白鑫出卖，杨殷与彭湃等人一同被捕。同年8月30日，被蒋介石下令枪决。2009年9月14日，被评为100位为新中国成立做出突出贡献的英雄模范之一。

穿衣尤须朴实，与人来往要谨慎

你年几〔纪〕已长，各事都不能像从前那样，除读书外，各事不必占〔沾〕染，打牌、闲游、看戏等尤万不可做，用钱要省，须知留得一文钱，亦可于无钱时应用，切不可为了要面子，就可多用几块钱，青年人最要不得的事情。

写给女儿杨爱兰的信

1928年左右

爱兰知悉：

前你付来我及二叔的信均得收阅，因未有空故未复你。皓儿到北京后，曾来两信，但至今月余，尚无信来，不悉有信付你否？

皓儿此次北上到沪晤面时，性情变了好一些，写信亦能达意，我嘱他各事，他来信也能接受，如果真能听教，又得七舅父督责，不难进步。不过身体稍为瘦一点，我已嘱他注意运动如打拳等，你有空仍须在一月给他一信，互相勉励。

照你来信看，你亦得了不少进步，白话信尤比文信好一些，以后都注意作长的白话文，心想什么便直写下去，先使

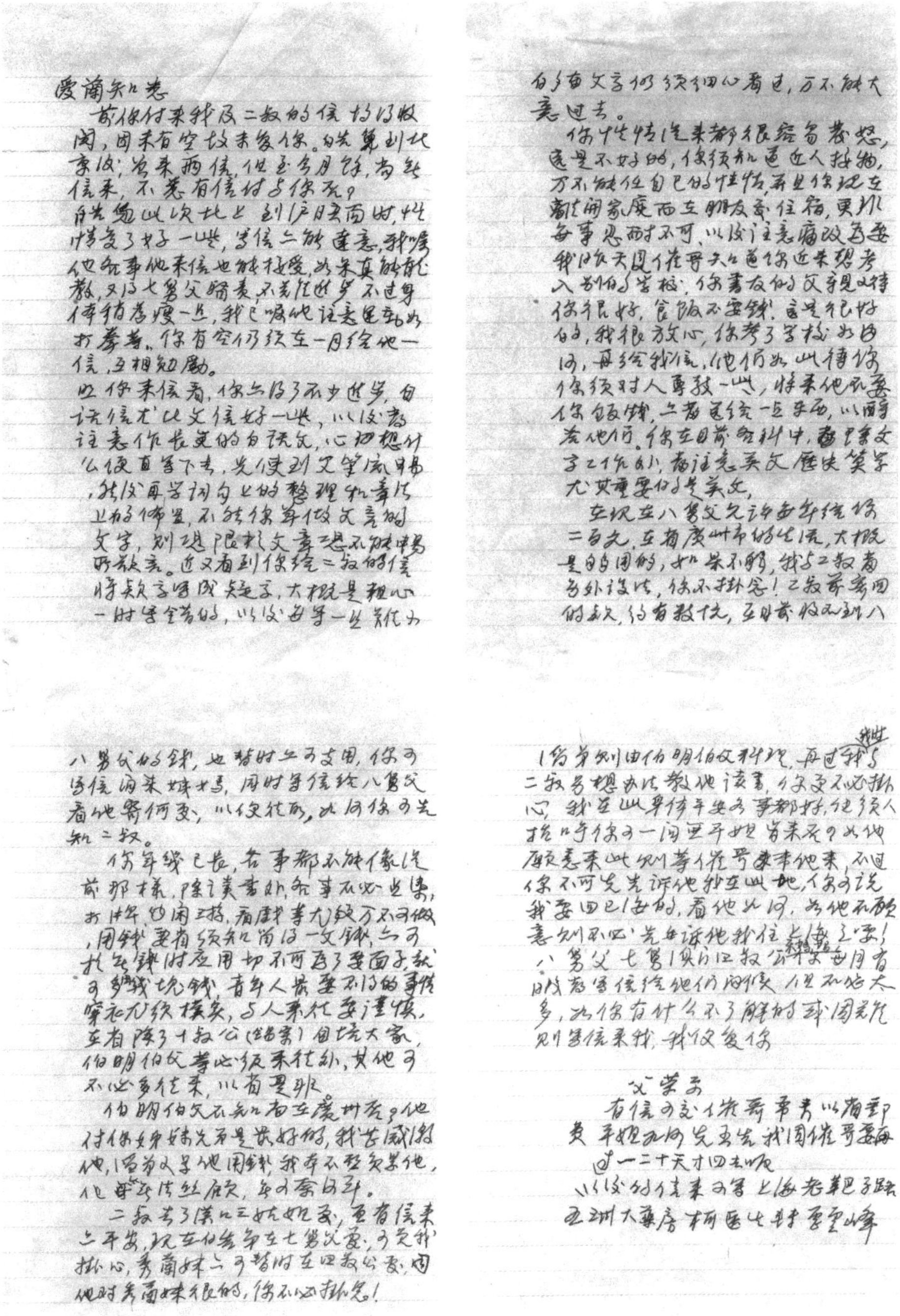

爱兰知悉

前你付来我及二叔的信均得收阅，因未有空故未复你。自从儿到北京后，曾来两信，但至今月余，尚无信来，不是有信付与你否？

自从儿此次北上到沪时面谈，性情变了好一些，写信亦能达意，我嘱他各事他来信也能接受，如果真能听教，又得七舅父指教，不然他进步不过身体稍为瘦一点，我已嘱他注意运动如打拳等。你有空仍须每一月给他一信，互相勉励。

照你来信看，你亦得了不少进步，白话信较文信好一些，以后要注意作长篇的白话文，心内想什么便直写下去，先使到文笔流畅，然后再学词句上的整理和章法上的布置，不然你单做文言的文字，则退限于文章总不能畅所欲言。近又看到你给二叔的信时款字写成错字，大概是粗心一时写坐着的，以后每写一些或他的白话文字仍须细心看过，万不能大意过去。

你性情从来都很容易发怒，这是不好的，你须知道近人接物，万不能任自己的性情，尤其你现在离开家庭而在朋友处住宿，更非每事忍耐不可，以后注意痛改为要。

我昨天见维哥夫人道你近来想考入他们的学校，你寄友的父亲对待你很好，食饭不要钱，这是很好的，我很放心，你考了学校如何，再给我信。他们如此待你，你须对人尊敬一些，将来他不要你饭钱，亦要送给一点东西，以酬答他们。你在目前各科中，除中国文字工作外，要注意英文、历史、算学，尤其重要的是英文。

在现在八舅父允许每年给你二百元，在省广州市汇出，大概是自己用的，如果不够，我与二叔当另外设法，你不挂念！二叔前寄回的款，仍有数佰，在日前收到八舅父的钱，也暂时亦可支用，你可写信问朱妹妹，同时写信给八舅父看他寄何处，以便往取，如何你可先知二叔。

你年纪已长，各事都不能像从前那样，除读书外，各事不必出头，如做些闲玩，看戏等尤须万不可做，用钱更需须知道得一文钱亦可抵各钱用时应用切不可为了要面子就可多用钱花钱，青年人最要不得的事情穿衣尤须朴实，与人来往要谨慎，在省除了十叔公（锦余）自境大家，伯明伯父等必须来往外，其他可不必多往来，以省是非。

伯明伯父不知有在广州否？他待你姊妹兄弟是最好的，我甚感激他，望勿又写他用钱，我本不想欠累他，他[illegible]。

二叔去了澳门三姑姐处，至有信来亦平安，现在仍养身在七舅父处，可免我挂心，秀兰妹亦可暂时在四叔公处，因他对秀兰妹很好，你不必挂念！

伯舅则由伯明伯父料理，再过我与二叔另想办法教他读书，你更不必挂心。我在此身体平安各事都好，你须人招呼你的一间屋平姐曾来否？如他愿意来此则等维哥带来，不过你不可先告诉他我在此地，你可说我要回乡的，看他如何，如他不愿意则不必先告诉他我住上海了！八舅父七舅公及四叔公（锦铭）每月有时有写信给他们的，但不能太多，如你有什么不了解的或困难，则写信来我，我便复你。

父崇安

有信可交维哥带来以省邮费。平姐如何先要告我，因维哥要再过一二十天才回去呢。

以后付信来可写上海老靶子路五洲大药房杨医生转李云峰

杨殷给女儿的家书

到文笔流畅，然后再学词句上的整理和章法上的布置，不然你单做文言的文字，则恐限于文章，恐不能畅所欲言。近又看到你给二叔的信，将“款”字写成“疑”字，大概是粗心，一时写错的，以后每写一些难写的文字，仍须细心看过，万不能大意过去。

你性情从来都很容易发怒，这是不好的，你须知道近人接物，万不能任自己的性情，并且你现在离开家庭而在朋友处住宿，更非每事忍耐不可，以后注意痛改为要。我昨天见催哥，知道你近来想考入别的学校，你书友的父亲又待你很好，食饭不要钱，这是很好的，我很放心，你考了学校如何，再给我信。他们如此待你，你须对人尊敬一些，将来他不要你饭钱，亦当送给一点东西，以酧〔酬〕答他们。你在目前各科中，除文字工作外，当注意英文、历史、算学，尤其重要的是英文。

在现在八舅父允许每年给你二百元，在省广州市的生

杨殷故居

活，大概是够用的，如果不够，我与二叔当另外设法，你不挂念！二叔前寄回的款，约有数十元，在目前收不到八舅父的钱，也暂时亦可支用，你可写信问柒姨妈，同时写信给八舅父，看他寄何处，以便往取，如何你可先告知二叔。

你年几〔纪〕已长，各事都不能像从前那样，除读书外，各事不必占〔沾〕染，打牌、闲游、看戏等尤万不可做，用钱要省，须知留得一文钱，亦可于无钱时应用，切不可为了要面子，就可多用几块钱。青年人最要不得的事情，穿衣尤须朴实，与人来往要谨慎，在省除了十叔公（锡宗）自培大家、伯明伯父等必须来往外，其他可不必多往来，以省是非。

伯明伯父不知尚在广州否？他对你姊妹兄弟是最好的，我甚感激他，滔弟又累他用钱，我本不想负累他，他亦无法照顾，无可奈何耳。

二叔去了汉口三姑姐处，曾有信来，亦平安，现在皓弟在七舅父处，可免我挂心，秀兰妹亦可暂时在四叔父处，因他对秀兰妹很（好）的，你不必挂念！

滔弟则由伯明伯父料理，再过几时我与二叔另想办法教他读书，你更不必挂心，我在此身体平安，各事都好，倘须人招呼，你可一问亚平姐肯来否？如他愿意来此，则等催哥带他来，不过你不可先告诉他我在此地，你可说我要回上海的，看他如何，如他不愿意则不必告诉他我住上海之处！

八舅父、七舅、澳门四叔公和妈妈，你每月有暇都写信给他们问候，但不必太多，如你有什么不了解的或困难，则写信来我，我便复你。

父荣字

有信可交傕哥带来以省邮费。平姐如何先可告我，因傕哥要再过一二十天才回去呢。

以后你信来，可写上海老靶子路五洲大药房柯医生转吕云峰。

杨殷的女儿杨爱兰

背景说明

杨殷十分关注儿女的身心健康成长，不因少见面而疏于教育，只要稍有空隙，杨殷就跟一对儿女讲苏联人民解放的故事，无论多晚到家，都必检查女儿杨爱兰的作业。杨殷家境殷实，但他的钱财全都用在革命上，家人只是粗茶淡饭，从不多花一分钱。到上海工作以后，还写信再三叮嘱女儿不可沾染打牌赌博等恶习，要节约用钱，要朴实，交友要谨慎。杨爱兰一直遵循着她父亲的叮嘱，原本是富裕家庭的大小姐，但由于父亲杨殷将家产全部捐作革命经费，她也过着艰苦、拮据的生活。杨爱兰8岁丧母，16岁时父亲牺牲，但她谨遵父训，从未以烈士后代为由要求组织照顾，日子过得平凡甚至坎坷。

彭　湃

(1896—1929)

广东海丰人，中国共产党早期农民运动领导人之一。由于在农民运动方面的杰出成就，被誉为“农民运动大王”。1917年到日本东京早稻田大学学习，积极参加中国留日学生的救国运动。1921年回国后，在海丰县组织社会主义研究社。1922年加入中国共产党。1923年在海丰开展农民运动，成立县总农会。1924年调任中共广东区委农委书记，创办了农民运动讲习所。1927年当选为中央委员。大革命失败后，参加南昌起义，继而又到海陆丰组织农民武装起义，建立海陆丰苏维埃政权。1928年，任中央政治局委员，后参加中共江苏省委的领导工作。1929年8月24日，因叛徒出卖被捕，30日在上海龙华就义，年仅33岁。

我们在此精神很好

兄弟们不要因为弟等牺牲而伤心。望保重身体为要。

致冠生（周恩来）书

1929年8月30日

冠生暨家中老少：

我等此次被白害，已是无法挽救。张、梦、孟都公开承认并尽力扩大宣传。他们底下的丘及同狱的人大表同情。尤是丘等听我们话之后，竟大叹气而捶胸者。我们在此精神很好。兄弟们不要因为弟等牺牲而伤心。望保重身体为要。余人还坚持，孟揆、梦不认，颐与尚瑜的人感情尚好。

背景说明

这是一封特殊的“家书”。1929年7月彭湃奉调回中央农委。8月24日，他正在沪西区新闸路经远里12号2楼主持中共江苏省委军委会议，却因叛徒白鑫变节告密而被捕。根据

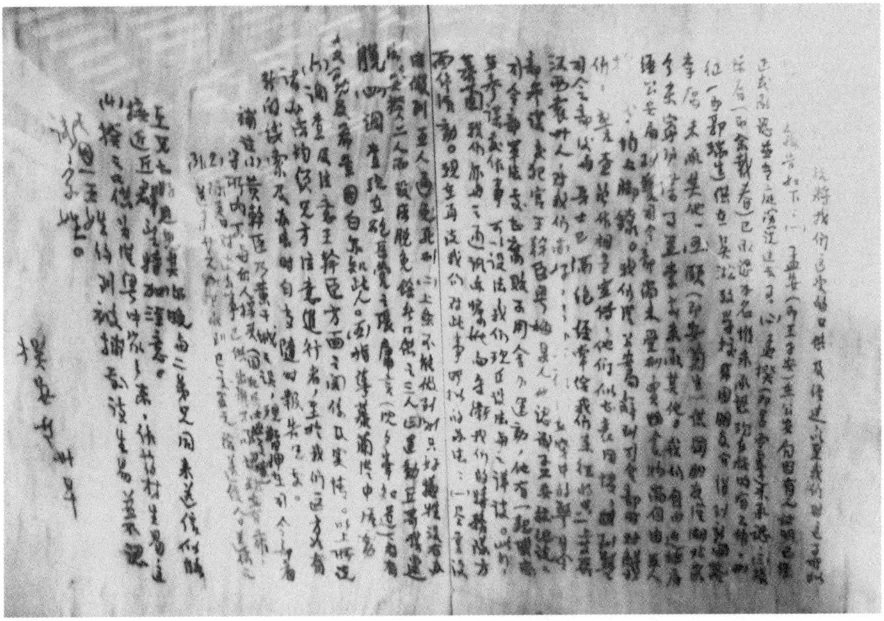

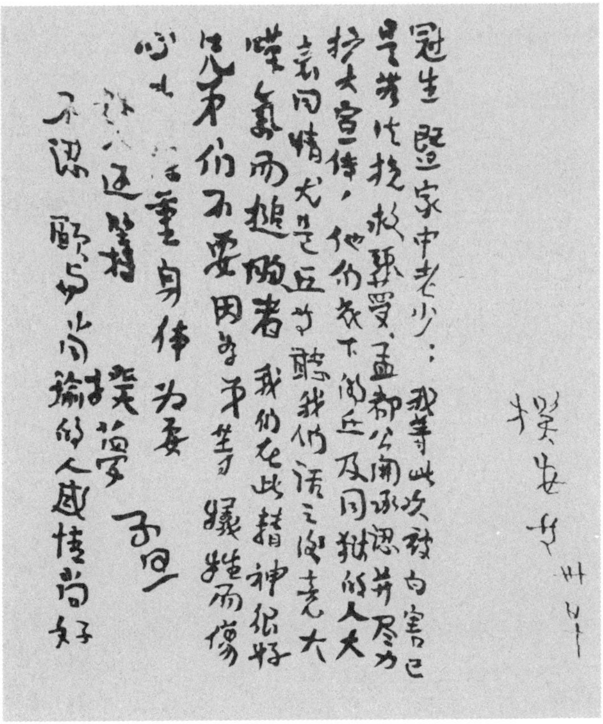

冠生暨家中老少：我等此次被白害已是无法挽救，张、罗、孟都公开承认，并尽力扩大宣传，他们底下的丘及同狱的人大表同情，尤其是丘等听我们话之后大叹气而掉眼泪者。我们在此精神很好。兄弟们不要因为我等牺牲而伤心，望保重身体为要。

揆安

彭湃的特别家书

预先得到的名单，彭湃和与会的中共中央政治局候补委员、军事部部长杨殷、中共中央军委委员兼江苏省委军委委员颜昌颐、中共江苏省委军委干部邢士贞、上海总工会纠察队副总指挥张际春等同志当场被拘捕，同时屋内搜出《布尔什维克》《红旗》等革命刊物，还有共产党的中央通告。

他们随即被押到新闻捕房。27日，审问进行，因有叛徒出庭指证，彭湃遂不再隐瞒身份，从海陆丰农民运动讲起，慷慨陈词一个多小时。在讲到惩办反革命时，彭湃怒目戟指，大声怒斥审问官：“似你们这班反革命党，我们在海陆丰不知杀了好多，你现在不必再问了，将我枪毙好了。”审问者皆为之动容。回看守所的路上，五同志齐声高唱《国际歌》，同仇敌忾的气势极大地鼓舞了看守所的其他同志。

彭湃的不屈也激起了审问者的野蛮兽性，他们用尽酷刑，致使彭湃“晕去九次，手足俱折，身无完肤”。30日晨，彭湃等五同志联名写信给中共中央，汇报狱中斗争的情况。稍后又以“家书”的形式致信冠生（即周恩来），嘱咐同志们不要因为他们的牺牲而悲痛，显示了革命先烈以党为家，视战友为家人的特殊情感和为国献身、取义成仁的大无畏精神。

彭湃烈士雕像

红宫

红场造像

午后，临时法院忽又传五人复审，形势已与前次大不同，不但有步兵一排，还有两挺机关枪随行。草草过场之后，五人已知道这是最后的关头了。回来的路上，颜昌颐同志举手高呼："共产党万岁！"五人相视而笑。一小时后，彭湃、杨殷、颜昌颐、邢士贞四烈士踏上刑场。临刑前，彭湃将身上衣服脱下来赠给狱中的战友，对难友和身边的士兵做了最后的演讲，然后高唱《国际歌》，昂然前行。狱中霎时一片痛哭之声，士兵及看守所员都掩面而泣。

噩耗传出，众多一起战斗过的同志深表悲痛。周恩来亲自组建"打狗队"，在鲍君甫的情报支持下，于11月11日处决了叛徒白鑫。

给许冰的信

1929年8月

冰妹：

从此永别，望妹努力前进。兄谢你的爱！万望保重！余言不尽！

你爱湃

背景说明

1929年8月，由于叛徒的出卖，彭湃在上海被捕，并于30日英勇就义。在他被捕后，自知敌人将对他下毒手，便给夫人许冰留下了一封绝笔信。他在信中勉励许冰继承其遗愿，为党的伟大事业而不懈努力。夫妇俩对共产主义事业的坚定信念和高尚真挚的爱情，在字里行间表现得淋漓尽致。

许冰像

信短情深，字字千钧，体现了一个共产主义战士视死如归的革命精神。

（供稿单位：广州市委党史研究室）

1924年，杨石魂（左）在广州与青年运动领导人阮啸仙（中间站立）、彭湃（右）、张善铭（中间坐）合影

关泽恩

(1908—？)

字少权，号关键，广东廉江人。1923年就读于廉江中学。同年5月，组织廉江县（今湛江廉江市）学生联合会和廉江县青年同志会，并担任主要负责人。1926年，加入中国共产党。同年，到广州执信中学求学，成为该校中共地下党小组的主要成员。1927年“四一二”政变后，遭悬赏通缉。后辗转日本留学，参加东京中华留日青年会，积极从事反日同盟活动。1928年，遭日本政府驱逐出境。回上海后，在反帝大同盟工作。同年不幸被捕入狱，经多方营救才获救。1928年，到苏联学习。初就读于国际共产主义大学。1931年转到列宁学院学习。不久，调莫斯科中文学院任教师，参加组建列宁学院中共支部工作，是支部主要负责人。后在苏联牺牲，至今仍无法准确考证殉难于何时何地。

我希望你们今后不必为利润而奔走

妈妈呵！我几百年来的祖父都被那金钱魔王所吞噬了！我没有一刻忘记当年祖父的悲哀，我没有一刻忘记现在劳苦群众的凄惨。我一息尚存，惟有把万恶的资本制度打得粉碎！

给妈妈徐玉贤的信

1929年12月16日

妈妈：

啊！好快的时光，不久以前我们还穿件[单]衣在公园里散步，如今呢？遍地都笼罩着白雪！憔悴的黄叶随雪花的纷缤而堕地，可爱的小鸟被拘禁在巢穴而呜咽呻吟，然而可恶而可怜的白雪啊！任你怎样的猖狂，而逃不了太阳注定的命运！

由于天气的酷冷，好容易的使我忆及当年祖父的凄惨！妈妈！你不曾对我说过吗？百年前我的家里有好几十丁人，而今只我一家，不到十人的一家！呵呵！我知道了，这并不是风水的不够运，也不是他[们]好住城市而受人烟稠密的影响，只是没有几块光洋吧了！妈妈！我想你还记着吧？在当时那样穷困的生活中，祖父祖母没有一个不辛辛苦苦地每日做十几个小时的工作，或是赶手头，或是做小贩，结果还没有一件暖的衣穿和饱的饭食；衣服、器用当尽了！没有钱还债过年，祖父因劳而致疾了！没有钱买药，大伯病死在床了！也不知葬骨在那里？因为穷的缘故！不惜含着眼泪跪在富有的外婆面前乞怜！因为穷的缘故，更受着豪绅的压迫，剥夺了五伯的考试权利！唉，这千层压迫之下，试问怎样繁殖呢？妈妈呵！我几百年来的祖父都被那金钱魔王所吞噬了！我没有一刻忘记当年祖父的悲哀，我没有一刻忘记现在劳苦群众的凄惨。我一息尚存，惟有把万恶的资本制度打得粉碎！

我写到这里，又不禁想到父亲及哥哥们今日的生活了！老实说，我对于一切做官、办税、受田等营业，我是非常不

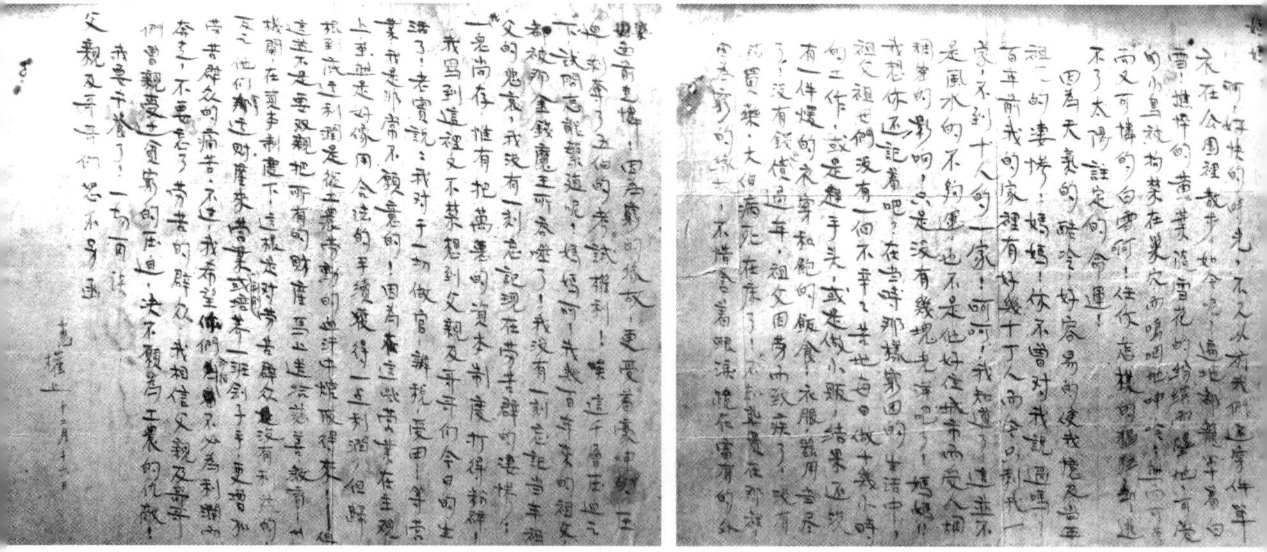

关泽恩给妈妈徐玉贤的信

关泽恩故居

愿意的！因为这些营业在主观上虽然是好像用合法的手续获得一点利润，但归根到底，这利润是从工农劳动的血汗中榨取得来！——但这并不是要双亲把所有的财产马上送给慈善、教育等机关，在资本制度下，这样是对劳苦群众没有利益的。反之，他们拿这财产来营业以剥削或培养一班刽子手，更增加劳苦群众的痛苦。不过，我希望你们今后不必为利润而奔走，不要忘了劳苦的群众，我相信父亲及哥哥们曾亲受过贫穷的压迫，决不愿为工农的仇敌！

我要午餐了！一切再谈。

父亲及哥哥们，恕不另函。

儿权上

十二月十六日

背景说明

此信写于1929年12月16日，现存廉江市档案馆，是关泽恩留在人间的唯一笔迹。1928年，中共第六次全国代表大会结束后，在大革命失败后暂处低潮的中国共产党，又作为一支重要的政治力量出现了。这给远在海外的关泽恩以很大的鼓舞和激励。1929年12月，远在莫斯科的关泽恩致信母亲徐玉贤，以时令的变化，寄托自己的情怀。他借景抒怀，以物言志，把正在发展的革命力量和反动势力作了比较。他相信革命必胜，人民必胜！

天气酷冷唤起关泽恩对祖国凄惨困境的回忆。在用血泪写成的文字和母亲一同控诉旧制度的罪恶之后，关泽恩大声疾呼，要把万恶的资本制度打得粉碎！对于父兄的经营方式，关泽恩进行了有理的规劝和制止，希望他们千万不可像过去的剥削者那样压迫劳苦群众。在这封家书中，我们可以看到关泽恩的崇高信仰和伟大情操，可以看到他对家庭利益与劳苦大众紧密关系的认识和思索，可以看到他心灵的火花，思想的闪光。

（供稿单位：廉江市委党史研究室）

李冠南 (1902—1931)

乳名新盛，字仍华，广东新会人，第一届毕业生。曾任国民党中央农民部农民运动特派员，新会县农民协会常务委员兼办事处秘书主任，中共江会支部委员等职。1931年8月21日被杀害，年仅29岁。

将来在社会上做一个有用的人

我极希望你能在美洲努力求学，图上进，将来在社会上做一个有用的人。

与妹书

合意贤妹如晤：

来信收到，得知婚事已成矣。贤妹现在正当青春黄金可爱时候，前途正未有可限量，可惜我平素穷困，不能帮助贤妹力图上进。倘若贤妹此次结婚之后到美洲去，我极希望贤妹能在美洲努力求学，力图上进，将来在社会上做一个有用的人。不要过去美洲，倚赖赵家坐食，苟安无为，糊涂一生，失了自己人格，枉费父母心血，断送大好前程，这是我对贤妹新婚后到美洲去第一个热烈的愿望！

双亲本是旧头脑人，一切懵懂不大明白，他此次对妹婚事，不由妹自己来审择喜欢，就将妹许配赵家，固然不对；但父母素来对贤妹极爱重，他此次把贤妹来许配赵家，我相信他立意用心，都是极愿望贤妹将来幸福快乐，得好归宿。窃思父母生育我辈儿女，做了我辈一世牛马，不知流尽了多

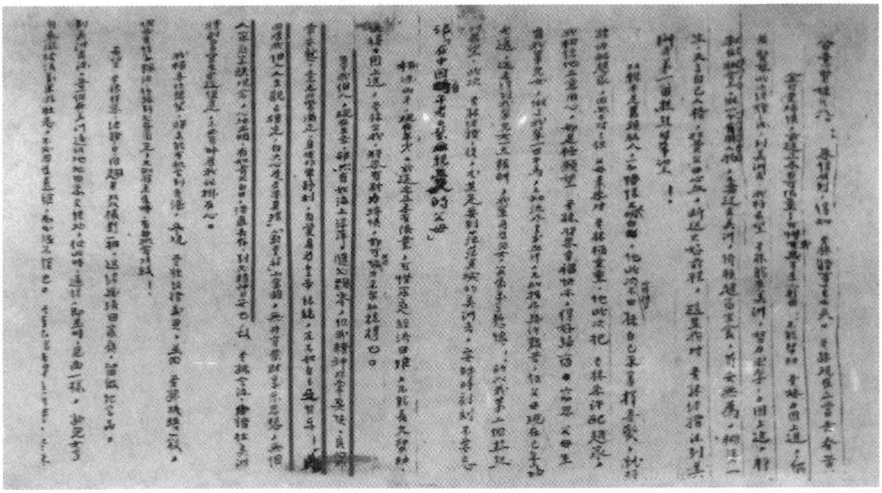

李冠南家书

少血汗，不知担尽几许艰苦，但父母现在已年纪老迈，还未得到我辈儿女一点报酬，我辈身为儿女，实属万分惭愧！所以我第二个热烈的希望，此次贤妹结婚之后，尤其是要到茫茫异域的美洲去，要时时刻刻不要忘记“在中国有年老白鬓亲爱的父母”。

柏、源两弟，现在年少，前途亦正未有限量，可惜家庭经济日难，不能长久帮助，使得力图上进，贤妹与我将来有财力时候，都可共同协力来帮助提携也。

至于我个人，现在生世，虽然有如海上浮萍，随处飘零，但我精神非常爽快，良心非常安慰，意志非常满足，身体非常舒利，自觉身为皇帝、总统，尚不如自己之快乐！因为我个人人生观已确定，自决心为“世界真理”“人类幸福”而奋斗，无升官发财享乐思想，无个人家庭宗族观念，心地光明，有如青天白日，浩然长存，到处精神自安也。故贤妹今后成婚往美洲，特别自己珍重爱护便是，不必有时为我记挂在心。

我极喜欢想望，将来能有机会到香港，参观贤妹结婚盛典，并同贤妹欢晤一叙。但我生性爱飘泊，行踪到处无固定，不知将来何时，有无机会欢叙！

希望贤妹将来结婚之日，同赵君双双摄影一轴，送给几张回家庭，留作纪念品。到美洲去后，寄一个在美洲通讯地址回来父亲处，彼此时时通信，即是时时见面一样。好儿女当自乘风破浪万里游壮志，不必因为远离而心怀不怿也。……

背景说明

这封家书是李冠南写给妹妹的，可以说是极尽兄长之关切，对她的婚事及心理的抚慰等都用心恳切，叮嘱她到美洲还是要努力求学，力图上进，将来在社会上做一个有用的人。还提到父母的不容易，要多报答养育之恩，尤其希望妹妹婚后到美洲去要保持通信，不要忘记年迈的父母及未成年的弟弟。谈到自己，虽然不便说明自己从事的事业，只是以生性漂泊、行踪不定来搪塞，但论及自己的精神世界、人生观等，却说精神爽快、意志满足，连皇帝、总统都不如自己，并且立定决心要为“世界真理”“人类幸福”而奋斗，表现了一个共产主义乐观向上、舍己为人的英雄气概。

徐名鸿

(1897—1934)

广东丰顺人。自幼学习刻苦，博览群书。1910年随父亲到广州，就读于广东师范专科学校附中，1916年考进北京高等师范学校，接受新文化思想和共产主义思想熏陶，毕业后留校工作，曾主办《平民教育》。1926年参加国民革命军第四军第十师，任政治部主任，曾参加北伐。1926年加入中国共产党。1927年8月参加八一南昌起义。1932年任十九路军总部秘书长，曾参加“一·二八”淞沪抗战、“福建事变”等，并作为十九路军及“福建人民政府”的全权代表与中共及红军谈判签订了《反日反蒋初步协定》。1934年2月，“福建事变”失败后返回广东，途经大埔时因叛徒出卖被捕遇害。1935年8月1日，中华苏维埃中央政府、中共中央的《为抗日救国告全体同胞书》（即《八一宣言》）称他为“民族英雄”。

为国牺牲，人同此心

兄如不战死，则相会，为弟妹之日正长，幸各努力自爱。

给妹夫倪宏仁妹妹徐雪娇的信

1932年左右

仁弟雪妹：

移驻真如车站之后三日而上海战事起，邮政隔绝，无法寄信。此信因停战之便，托人带上海付邮也。

兹次之战，人存必死之心，而皆笑面相迎，为国牺牲，人同此心。民气士气之盛，前未之见也。

兄如不战死，则相会，为弟妹之日正长，幸各努力自爱。

拟在省中为弟托人觅事，如有成当有信幸告，勿念。

兄日间忙极，因主持全军文电，且接纳民众又聚于一身也。

二哥想已回到见面，世事甚多变化，当各相与勉励，并慰堂上之心，匆匆草此，并问近好。

兄名鸿

一日夜一时

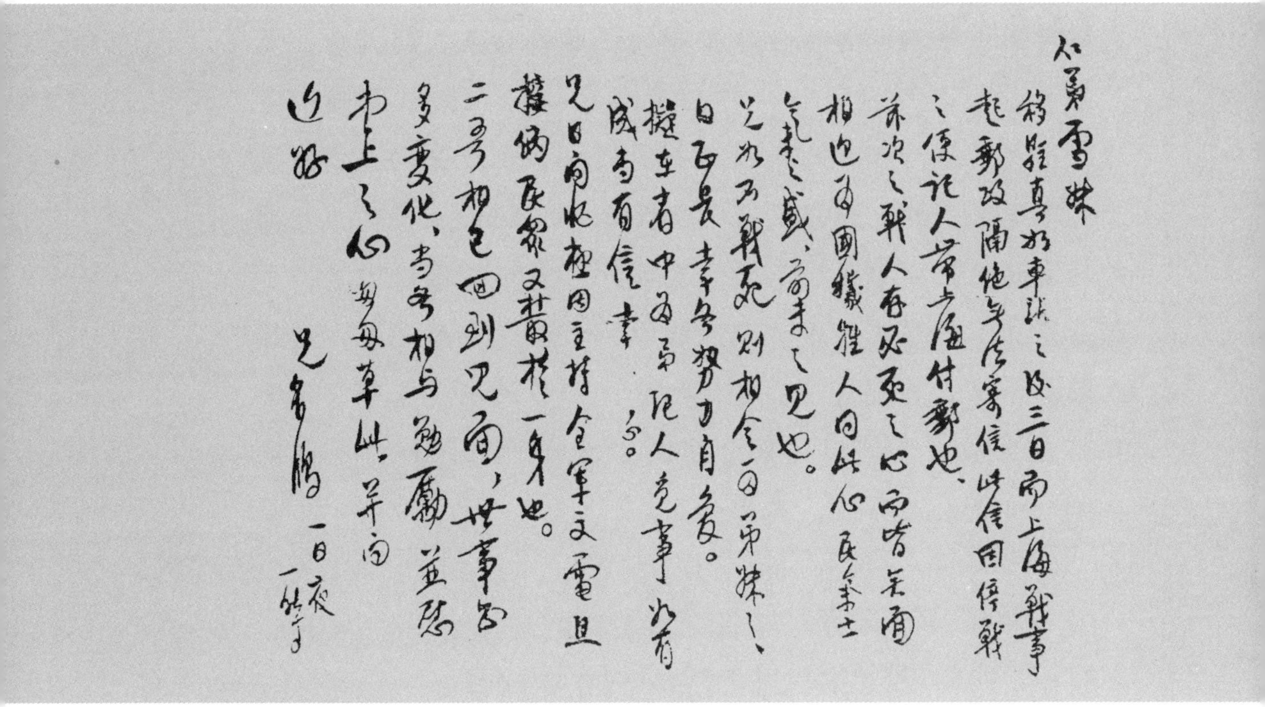

徐名鸿烈士家书

背景说明

1932年，“一·二八”淞沪抗战爆发，国民革命军第十九路军将士们浴血奋战，抵御外敌，捍卫国家和领土不受侵犯。徐名鸿烈士作为十九路军总部秘书长参加抗战，主持全军文电，且接待各界支援民众，工作任务重。该家书写于1932年4月1日夜，中日双方正处于停战谈判阶段。通过家书，徐名鸿烈士明确讲述了淞沪抗战中，军民士气高涨，团结一致，以必死决心抵御外敌入侵，表现了中华民族不畏强暴的坚强斗志，极具鼓舞之意。面对民族与国家的危亡，徐名鸿烈士毅然离开家乡，投身军旅，为国尽忠，但时刻没有忘记对家中亲人的关怀，字里行间流露着对家人的惦念，简单而真挚。其殉身之日，亦留有遗书：“人民权力尚未实现，十九路军为拥护人民权力而消灭，吾今以身殉，亦以报十九路军之同袍。虽死之日，犹生之年。国亡无日，凡我国民好自为之！家事久既忘之，现亦无可多说，国尚难言，于何有家。惟念半生奔劳，无点滴以慰父母，身后光光，幼儿无赖，今后苦吾郁青矣！吾死之后，归葬汤坑。墓碑幸请蔡廷锴先生书之，碑曰‘社会主义者徐名鸿之墓’，吾愿足矣！”可谓大义凛然，视死如归。

写给妹妹徐雪娇的信

1925年3月1日

雪妹如晤：

离家将近两旬，想多忆念，吾与伯父大人同过香港，并入省城，在省城逗留十二日，旧友相爱，故多徘徊耳。昨

革命烈士证明书

徐名鸿同志在第二次国内革命战争中壮烈牺牲，经批准为革命烈士，特发此证，以资褒扬。

中华人民共和国民政部

一九八三年[illegible]一日

1983年中华人民共和国民政部授予徐名鸿革命烈士证明书

日乃与伯父同出香港，驻广潮丰米店，伯父游览三数日，有同伴当即回汕头。吾既决定明日午后搭新华轮船北上。同行者共三人，途中当不寂寞。凡此情况，可禀知祖母大人，以释挂念。

徐名鸿烈士墓

祖母大人起居饮食，处处须留心侍奉，吾惟吾妹是赖，望吾妹善体吾意，庶吾远游，人可以稍释虑也。凡事以大量处之，以小心经营之，则无不顺利。勿以小气坏大事，勿以闲话动是非，是吾之望也。吾到曹州，当再书以告妹，妹有暇，亦望时寄书与吾，吾得知祖母大人起居，及家中情况，亦可安心。专此问康健。

祖母大人前替为叩万福。

兄名鸿

二月初七日

背景说明

1924—1925年，徐名鸿到山东曹州中学执教，在校长梁漱溟影响下，爱国主义思想萌生。该家书写于1925年3月1日（农历二月初七），体现了徐名鸿烈士与家人、好友感情浓厚，对长辈恪守孝道、对兄弟姐妹关怀备至。虽然自己因从事教育事业，离家已久，但一直继承良好家风家训，提醒妹妹要注意照顾祖母大人起居饮食，处处须留心侍奉，勿以小气坏大事，勿以闲话动是非，突出“孝”“和”的优秀品德。

位于广东丰顺县汤坑镇的徐名鸿烈士故居“锦江楼”

林基路

(1916—1943)

原名林为梁，出生于广东台山市。1933年在上海求学期间加入中国共产主义青年团。1934年春前往日本留学。1935年加入中国共产党，并担任中共东京支部书记。1937年“七七事变”后，毅然回国参加抗日战争，1937年10月初到达延安，进入中央党校第十二班学习。1938年2月，被派遣到新疆，先后任新疆学院教务长、阿克苏专区教育局长、库车县县长、乌什县县长等职。1942年9月，被捕入狱，写下著名的《囚徒歌》。1943年被秘密杀害于狱中，年仅27岁。

儿志愿忠于人群，
岂不愿孝于父母？

儿生性刚强，意志坚决，素不喜因人成事，勇往直前，尽己所能尽，乃我职志。儿意以为此身能公诸社会，个人痛苦，非所敢计。

给父亲的信

1933年2月17日

父亲大人膝下，敬禀者：

从阴棠兄处诸多恳求，始得见手谕，三读之下，痛楚万分。

青年人谁无感情，庸碌者用于私，而优卓者用于公耳。儿虽不敏，目击社会现实情形，能无动于中〔衷〕乎？年来读社会科学书，对社会病原〔源〕及改造之方，颇多理解，证以事实，益增信心。且儿生性刚强，意志坚决，素不喜因人成事，勇往直前，尽己所能尽，乃我职志。儿意以为此身能公诸社会，个人痛苦，非所敢计。

英雄常见于乱世，而人间一切悲剧亦未有不于此时上演殆遍者。儿志愿忠于人群，岂不愿孝于父母？而事实证明：

忠于社会者必逆于父母，忠孝难全，奈何，奈何！以儿意志之坚决，戮力于社会工作，不患壮志不酬，而高年父母，即以“吾心已碎，吾胆已寒”诉，人非木石，孰不伤怀？天乎，何不生我为蠢笨之豕儿，而偏生我为万物之灵之人类？何不生我为俗世蠢子，而偏赋我满腔热血，一场壮志？幸乎？不幸乎？社会事情不可袖手，而父母恩情岂可抛置？

虽然，儿年仍轻，来日方长，效力于社会人群之机会正多也。故目前决脱离一切团体关系，不参与任何活动。此后将悉如严训，专心于文史之攻读。新书籍除关于文学者外，其他一切政治经济书籍亦将尽可能的不读，将时间用于攻读外国文学之用。

离家不久，屡恙。亲忧，殊感不安。此后对个人言行，将倍加检点，免生意外，被俾纾亲心。敬乞勿常远虑！

家中被窃，想或由门户疏忽之故。天面铁门朝开而晚不关，是老大破绽处，而我家出入人口复杂，一不留心，最易上当。望男仆妇人等此后加意防范，当不致有意外事发。不知上下人等平安否？念甚！损失虽重，然若各人平安，亦足聊慰远怀也。

前托李书平兄带上孩衣及玩具收到否？

谨候

健康！

儿为梁谨禀

二月十七日

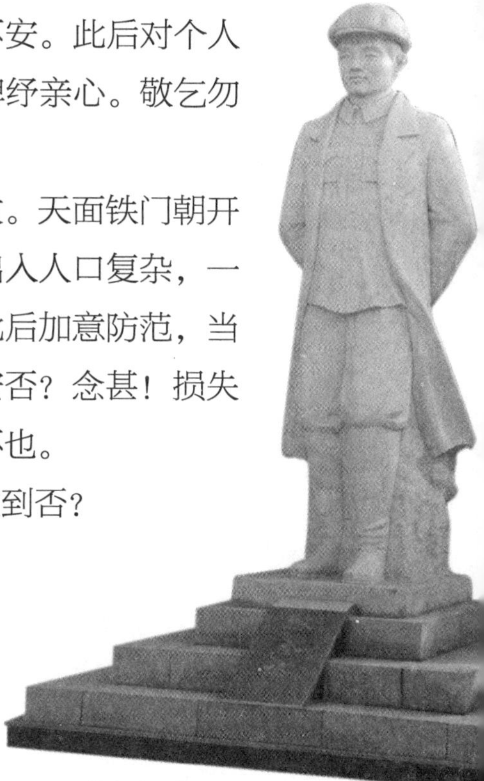

林基路雕像

背景说明

《林基路的故事》连环画

林基路在一次革命活动中因叛徒告密而被捕，在狱中遭受严刑毒打，他组织绝食以抗争。三个月后被保释出狱，其父来信劝他放弃革命工作，信中写道："吾心已碎，吾胆已寒。"林基路收到父亲的信后在1933年2月17日写下这封回信，信中表明了其舍家救国的决心，表示忠孝难两全。如今先行者以忠卫国保家、坚定献身的精神仍激励着后人。

林基路纪念公园

阮啸仙 (1897—1935)

原名熙朝，字瑞宗，广东河源人。中国共产党早期的党员之一，广东青年运动的先驱，大革命时期著名的农民运动领袖，人民审计制度的创建者和奠基人。1926年被任命为国民党中央农民运动委员会委员、中国共产党第五次全国代表大会，被选为中央委员。曾任中共广东省委农委书记、建立仁化县安岗苏维埃政府，被选为主席。出席过六大，当选中央委员，任中共赣南省委书记、赣南军区政治委员。1935年2月，领导赣南省委机关部队被敌围困，3月6日在战斗中壮烈牺牲，时年38岁。

随时随地随事都是书本

有了今天愁，就由不得明日忧了，连今写信给你的邮票，都费了很大力量得来的呢。说起来，恐怕有些人不大相信吧。其实这些年头，这些事，这些人多着咧……

给儿子乃纲的信

1933年6月16日

爱儿：

你不是要我买什么书给你吗？我本来是很穷的，现在更穷上加穷，变成一顿找来一顿吃，有了今天愁，就由不得明日忧了，连今写信给你的邮票，都费了很大力量得来的呢。说起来，恐怕有些人不大相信吧。其实这些年头，这些事，这些人多着咧……

爱儿！你想学好，你应该向你眼前的事情去学，事无大小，都有它的道理的。想见识多，有本事能耐，不必向上海或国外花花世界去学，随时随地随事都是书本，都有够学的道理在，哪怕是烧火煮饭的小事，你想知道火是什么东西？从何而来？它对于人群社会有何益处？有何害处？如何用之

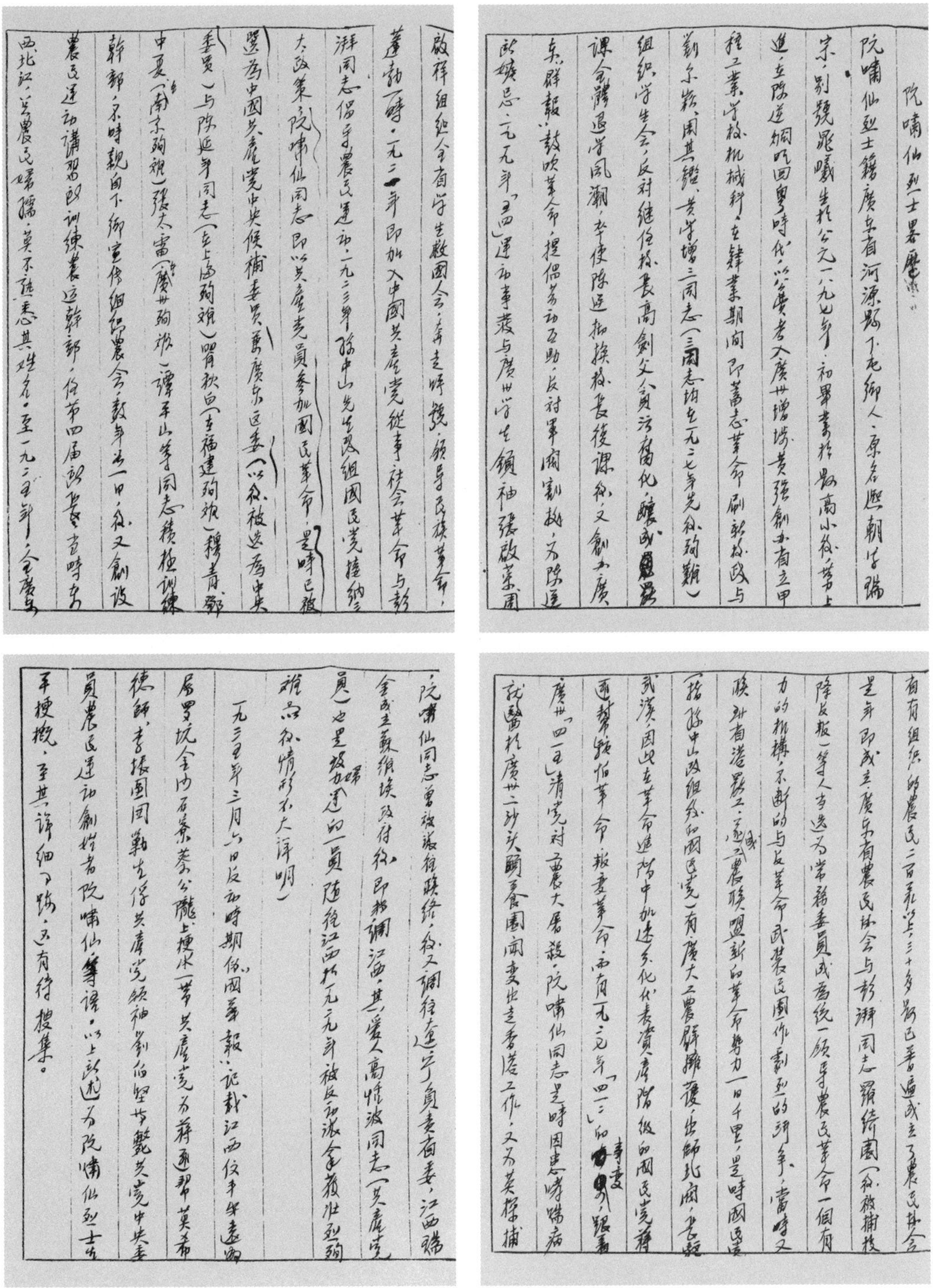

阮啸仙烈士略历

阮啸仙烈士籍广东省河源县下屯乡人，原名熙朝，字瑞宗，别号晁曦，生于公元一八九七年，初毕业于县高小后，考上进，在陈逆炯明回粤时代，以公费考入广州增埗黄强创办省立甲种工业学校机械科，在肄业期间即萌志革命，刷新校政，与刘尔崧、周其鉴、黄学增三同志（三同志均在一九二七年先后殉难）组织学生会，反对继任校长高剑父贪污腐化，酿成罢课、全体退学风潮，卒使陈逆撤换校长，复课后，又创办广东群报，鼓吹革命，提倡劳动互助，反对军阀割据，为陈逆所嫉忌。一九一九年"五四"运动事发，与广州学生领袖张启荣、周启祥组织全省学生救国会，奔走呼号，领导民族革命蓬勃时。一九二一年即加入中国共产党，从事社会革命，与彭湃同志倡导农民运动。一九二三年孙中山先生改组国民党，接纳三大政策，阮啸仙同志即以共产党员参加国民革命，是时已被选为中国共产党中央候补委员，兼广东区委（以后被选为中央委员）与陈延年同志（在上海殉难）、瞿秋白（在福建殉难）、穆青、邓中夏（南京殉难）、张太雷（广州殉难）、谭平山等同志积极训练干部，不时亲自下乡宣传组织农会，数年如一日，后又创设农民运动讲习所，训练农运干部，任第四届所长，当时东西北江、各农民妇孺，莫不熟悉其姓名。至一九二五年，全广东省有组织的农民二百万以上，三十多县已普遍成立了农民协会，是年即成立广东省农民协会，与彭湃同志、罗绮园（后被捕投降反叛）等人当选为常务委员，成为统一领导农民革命一个有力的机构，不断的与反革命武装民团作剧烈的斗争。当时又联络香港罢工，遂成工农联盟新的革命势力，一日千里。是时国民党（指孙中山改组后的国民党）有广大工农群众拥护，出师北伐，克复武汉，因此在革命进程中加速分化，代表资产阶级的国民党蒋逆[illegible]叛变革命，而有一九二七年"四一二"的事变，跟着广州"四一五"清党对工农大屠杀，阮啸仙同志是时因患肺病就医于广州二沙头颐养园，闻变出走香港工作，又为英探捕

阮啸仙同志曾被派往联络，后又调往东江，负责省委，江西瑞金成立苏维埃政府后，即被调江西，其爱人高恬波同志（共产党员）也是被派遣的一员，随往江西，于一九二九年被反动派拿获壮烈殉难（后情形不大详明）

一九三五年三月六日反动时期伪国华报，记载江西信丰安远交界罗坑全山石寨蔡公龙上梗水一带共产党为[illegible]，莫希德师，李振国团勤先俘共产党领袖刘伯坚，击毙共党中央委员农民运动创始者阮啸仙等语。以上所述为阮啸仙烈士生平梗概，至其详细事略，还有待搜集。

阮啸仙儿子乃纲所写的《阮啸仙烈士略历》

才有益而无害？那就够你想了。

今晚因为下雨，未有伞又没有雨鞋，不能往外边跑，抽暇写这封信给你，望你给我回信！……

父字

六月十六日晚上十二时

背景说明

阮啸仙是中国共产党早期革命领导人，为了革命事业他常年离家在外，甚至不知儿子已经13岁了，他在1933年6月16日在上海写信给儿子乃纲，语言平实，平淡之中蕴含着深刻的道理。提醒儿子知识并不局限于书本之上，凡事都有其道理，从眼前的小事中学习，一点一滴累积知识，在实际中学习，在实践中增长见识。

魏挺群 (1909—1934)

原名魏英。广东五华县人。1927年5月，加入中国共产党。1927年7月，担任共青团五华县委书记。1928年春任第六区（横陂）苏维埃政府副主席。翌年2月，中共五华县第一次代表大会在八乡山召开，担任大会秘书工作。1930年冬，魏挺群夫妇调往中央苏区福建省工作，曾任中国少年共产党闽西特委宣传部长，主持特委团干训练班工作。1932年，调往江西瑞金苏区共青团中央局工作，协助主编中央苏区共青团《青年实话》。1933年至1934年10月间，担任共青团中央秘书长、宣传部副部长。1934年红军长征后，奉命留在江西苏区，坚持游击活动，因江西苏区中共领导人执行“左”倾路线，于1934年冬被错杀。党的十一届三中全会后平反昭雪。1985年4月，广东省人民政府追认为革命烈士。

你到回来不一定能见到我

斗争这么残酷，战斗这么频繁，我跟着部队经常转移，随时都有可能牺牲。

写给妻子黄宝球的书（节选）

1933年左右

……斗争这么残酷，战斗这么频繁，我跟着部队经常转移，随时都有可能牺牲，你到回来不一定能见到我，那时你要紧跟组织，坚持斗争，革命一定能胜利……

背景说明

1930年冬，古大存、魏挺群等率队撤出八乡山，来到饶平黄岗。根据组织安排，魏挺群调往福建省工作，于1931年初辗转到达闽西党政军群领导机关所在地福建省永定县虎岗乡，任中国少年共产党闽西特委宣传部长，主持特委团干训练班工作。与来自惠阳淡水镇下拔子园村的女宣传干部黄宝球结为革命伴侣。1932年，魏挺群奉调江西瑞金苏区共青团中央局协助陆定一主编《青年实话》。在战火纷飞、频繁转移的艰苦岁月中，黄宝球一直跟随在魏挺群身边，协助编辑革命刊物，夫妻俩工作积极，认真负责，不怕艰苦，受到革命同事的称赞。就在这年，他俩爱情的结晶儿子也在战斗环境里诞生了。1933年至1934年10月间，中央红军进行第四、五次反围剿，斗争非常残酷，魏挺群夫妇决定把孩子送回老家去抚养。在离别之夜，魏挺群、黄宝球夫妻俩互道珍重，忍痛挥泪而别。在这封家书中，魏挺群对妻子黄宝球情真意切，道出了为革命随时献身的决心，也对革命充满了必胜的信心！

（供稿单位：中共五华县委党史研究室）

魏挺群故居

赖寅倣 (1911—1934)

字美恭，乳名志深，广东清远人，为“广州文总”六烈士之一。1911年出生于龙塘银盏银坳村，先后在该村私塾、龙塘云从小学和清远县中学读书。1928年，由于成绩优异，被保送至广州国立中山大学预科班学习，1930年直升至中山大学社会系学习。1931年“九一八”事变后，积极响应中共关于抗日救亡的政治主张，先后参加中大抗日剧社、文艺研究会、社会调查队和中国文化总同盟广州分盟等先进组织。1934年1月29日不幸被捕。1934年8月1日下午，在广州东郊红花岗被杀害，享年23岁。1951年，清远县人民政府向赖寅倣亲属颁发中华人民共和国烈属证，追授为革命烈士。其事迹见于《南粤英烈传》《血洒红花岗 青春放光华》等书。

勿以儿之故而稍加悲悼

内人青春年少，如能守则守，如不能守请别良偶，阿骧年幼，请养育成人，继承父业。

遗书

1934年8月1日

父亲大人膝下，敬禀者：

儿不孝二十三载，丝毫未报，如今已归黄土矣。事已至此，无可奈何，请大人珍重身体，善自调摄，勿以儿之故而稍加悲悼。内人青春年少，如能守则守，如不能守请别良偶，阿骧年幼，请养育成人，继承父业。兄弟各人体我之不孝而努力及善，侍奉双亲，终其天年，则一缕孤魂亦安息九泉矣。

专此敬请

福安！

儿美恭叩上

一九三四年八月一日

〔注〕

赖寅倣遗书原件已在抗战时期遗失，其弟赖美慈于1950年口述赖寅倣遗嘱时笔录记下。

背景说明

1931年“九一八”事变，日军侵华，赖寅傚积极响应中共关于抗日救亡的政治主张，他先后参加中大抗日剧社、文艺研究会、社会调查队和中国文化总同盟广州分盟等先进组织，时任下社联执委，负责组织工作。此外，他还与凌伯骥一起创办了《新启蒙》杂志，影响甚大。他们在地下党员引导下，秘密阅读马列主义著作，寻求革命真理。

赖寅傚回到家乡发动农民进行抗税反霸斗争，被当局通缉，逃往上海避难，就读于上海暨南大学，后与中国文化总同盟和社联取得联系，回到广州中山大学学习。1934年初，反动当局实施大逮捕，赖寅傚于1月29日被捕。在狱中受尽严刑拷打，坚贞不屈，守口如瓶。后陈济棠下令杀害广州文

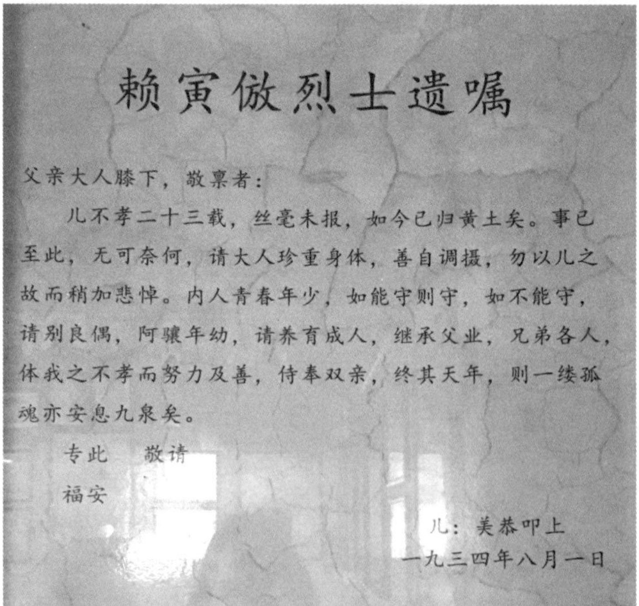

赖寅傚烈士遗嘱

父亲大人膝下，敬禀者：

儿不孝二十三载，丝毫未报，如今已归黄土矣。事已至此，无可奈何，请大人珍重身体，善自调摄，勿以儿之故而稍加悲悼。内人青春年少，如能守则守，如不能守，请别良偶，阿骧年幼，请养育成人，继承父业，兄弟各人，体我之不孝而努力及善，侍奉双亲，终其天年，则一缕孤魂亦安息九泉矣。

专此　敬请

福安

儿：美恭叩上

一九三四年八月一日

赖挺骧展示父亲赖寅傚的革命烈士证书

总领导人及骨干六人，赖寅傚即在其列，其余五人为温盛刚、谭国标、凌伯骥、郑挺秀、何仁棠。

1934年8月1日下午，广州文总六勇士在刑车上沿途不断高呼口号，高唱国际歌，沿途戒备森严，震惊了全城市民。到刑场后，刽子手叫赖寅傚脱下眼镜，他不脱，心中怒火透过双目射向敌人，他年青俊秀的脸上，毫无惧色，大义凛然，他从容就义，时年23岁。

六烈士就义前，每个人都写下遗书，赖寅傚以工整的笔画写下141字的遗书，敬告父母不要悲伤，嘱咐爱妻把婴儿养大，吩咐兄弟各人侍奉双亲，终其天年。

遗书是以文言文格式，繁体字直排书写的。原件已在抗战时期遗失，其弟赖美慈于1950年口述赖寅傚遗嘱时笔录记下。

（供稿单位：龙塘镇人民政府）

李友梅

(1908—1937)

号竹三，广东五华县人。1926年10月，在黄埔军校第四期步兵科毕业后被派往北伐前线。曾参加第二次东征和北伐，历任国民党军排长、连长、营长、副团长、上校团长。1937年“八一三”淞沪抗战爆发，由徐州调防上海，参加罗店、宝山战斗。在9月18日晚的激战中，不幸中弹壮烈殉国，享年29岁。国民政府追认为少将，同时在其家乡建李友梅纪念亭。1987年9月，经广东省人民政府批准李友梅为革命烈士。2015年8月，列入中华人民共和国民政部公布的第二批在抗日战争中顽强奋战、为国捐躯的600名著名抗日英烈名录。

左肩有担当，国耻不可忘

愿将满腔血，遍洒太平洋！

写给妻儿的诗

1937年9月

左肩有担当，国耻不可忘。
愿将满腔血，遍洒太平洋！

背景说明

1936年的西安事变和平解决后，李友梅所在第一师开赴徐州备战抗日，时任第一师第四团上校团长。1937年8月13日，中国军队在上海打响了中国抗日战争中第一场重要战役——淞沪会战。战役打响后，李友梅所在部队进入紧急待命状态，他告别新婚不久的妻儿，搬入团部作战室，枕戈待旦。9月初，由李友梅担任团长的胡宗南第一军第一师第二旅第四团进驻上海。此时，日本帝国主义疯狂进攻上海，占

李友梅烈士故居

领了罗店。罗店是上海的要冲，兵家必争之地。为了争夺罗店重地，国军曾派两个团兵力去攻克而不得，接着命令李友梅团去攻打该地。当李友梅接到命令后，决心与罗店共存亡。战前，他把家属安排遣送回家，并慷慨激昂，提笔赋写此诗给妻儿，以表抗日到底的壮志和决心！

李友梅烈士故居

（供稿单位：五华县委党史研究室）

谢晋元

(1905—1941)

字中民，广东蕉岭县人。毕业于黄埔军校第四期，历任国军排长、连长、营长、师参谋、旅参谋主任、副团长、团长等职。著名抗日英雄，淞沪会战中率“八百壮士”死守上海四行仓库，鼓舞了人民的抗战热情。1941年4月24日被叛徒刺杀身亡，遇害消息传出后，举国震惊。5月8日，国民政府通令嘉奖，追赠为陆军少将。

为国杀敌，是革命军人素志

一般社会人情事（世）故，影响于个人人生观，认识极为清楚。泰山鸿毛之训，早已了然于胸。故常处境危难，心神亦觉泰焉。望勿以弟个人之安危为念。

给连襟张萍舟的信

1937年10月18日

萍舟吾兄：

九日示悉，昨日上函谅达。沪战两月，敌军死亡依情报所载，其数达五万以上。现在沪作战敌军海陆空军总数在廿万以上，现尚源源增援中。以现势观察，沪战继有些微变化，决无碍整个计划。希释念可也。

弟十年来饱尝忧患。一般社会人情事〔世〕故，影响于个人人生观，认识极为清楚。泰山鸿毛之训，早已了然于胸。故常处境危难，心神亦觉泰焉。望勿以弟个人之安危为念。

维诚在目前环境下，绝对不能来汉。如蕉岭有危险，汉口则不可以言语计矣。抗战绝非短期可了，汉口商业中心更非可久居之地。倘维诚属个人行动，自较便当，以今日而论，幼民姊弟绝不能片刻无人照料也。望速将弟意转知维诚，不论如何，绝不能轻易离开家中，切盼。

谢晋元将军

黄渡情形如何，此间何无所知，当加注意。款项只要可以寄去，必尽各种方法，遵命汇去，勿念。

岳母抵汉后，想因店铺放弃而内心不安。吾兄经济情形若何？倘有困难，希函知以便设法接济也。弟衣物此间购买方便，望勿麻烦可也。

敬祝

冬祺！

岳母大人以次敬叩安好！

中民 弟

十月十八日

信由上海探投，勿写八字桥或其他地名，即可交到。

背景说明

张萍舟，是谢晋元的连襟。1937年8月11日深夜，第88师师长孙元良命令谢晋元所在的524团开赴上海。8月13日上午，日军发动进攻，524团立即还击。激战月余，日军从外围包抄上海，10月26日大场防线失守，524团奉命掩护大部队撤退。

这封家书写于1937年10月18日，淞沪会战已进行了两个多月，大场防线面临失守，此时距10月26日谢晋元率部坚守四行仓库只有短短8天。在第一页信纸左侧，有一行小字，是谢晋元写完此信的补笔，他叮嘱回信邮寄“勿写八字桥或其他地名”。八字桥在虹口，曾是1932年“一二八”和1937年“八一三”两次淞沪抗战的激战之地，双方伤亡极其惨重。谢晋元写这封家书的时候，敌援军已陆续进入淞沪战场，第88师奉命转攻为守，谢晋元率部撤离了八字桥。10月26日，谢晋元奉命率部坚守苏州河北岸的四行仓库，掩护部队后撤。谢部孤军浴血奋战了四昼夜，击退日军数十次进攻，给敌人以重创。

在四行仓库奋战的壮士们

部队退入租界后，谢晋元多次拒绝了日军的威胁利诱。1941年4月，他被日伪收买的叛兵刺杀，时年36岁。死后国民政府追赠谢晋元为陆军少将，上海十万民众前往瞻仰遗容。毛泽东高度赞誉“八百壮士”为“民族革命典型”。

给妻子凌维诚的家书

巧英吾妻爱鉴：

日内即将率部进入沪淞参战，特修寸笺以慰远念。我神州半壁河山，日遭蚕食，亡国灭种之祸，发之他人，操之在我，一不留心，子孙无噍类矣。为国杀敌，是革命军人素志也；而军人不宜有家室，我今既有之，且复门衰祚薄，亲者丁稀，我心非铁石，能无眷然乎！但职责所在，为国当不能顾家也。老亲之慰奉，儿女之教养，家务一切之措施，劳卿担负全责，庶免旅人之分心也……

谢晋元在赴淞沪战场前写给妻子凌维诚的家书开篇

背景说明

这是淞沪抗战前，谢晋元发给妻子凌维诚的一封家书。在国难当前之际，他舍家为国！这封家书正是反映了谢晋元的家国情怀，展现出对抗战必胜的坚定决心。谢晋元与妻子凌维诚是在一次婚礼上结识的，当时两人分别是伴郎和伴娘。尽管凌母对在战争年代嫁给军人表示担忧，凌维诚还是不顾反对，1929年在武汉与谢晋元结婚。婚后两人聚少离多，大多靠通信交流。1936年春节过后，谢晋元预料日军侵华战争必然爆发，亲自将寓居上海的妻儿送回广东原籍，临别时对怀孕的妻子说："等到抗战胜利那一天，我亲自把你们接回上海。"谁知这一次分别竟成永诀。

姚子青

(1909—1937)

字若振，号中琪，广东平远县人。1926年10月，考入黄埔陆军军官学校第六期入伍生总队。翌年7月升为第二总队步三队军官生。毕业后，分配至国民革命军第五十二师任上尉连长，曾任该师少校团附、营长，1936年升任陆军第九十八师第二九二旅第五八三团第三营中校营长。1937年8月31日至9月7日奉命坚守宝山城，1937年9月，在淞沪会战中壮烈牺牲。国民政府军事委员会追授为陆军少将。1983年被追认为革命烈士。

丈夫许国，不必相送

此去倘能生还，固属万幸，如有不测，亦亦勿悲戚。

给妻子的家书

保家卫国是军人的天职，素珍，此去倘能生还，固属万幸，如有不测，亦亦勿悲戚，但好好抚养儿女，孝奉翁姑……丈夫许国，不必相送。……

背景说明

1937年7月7日，卢沟桥事变爆发。8月13日，日本侵略军在淞沪地区挑起事端，计划在上海郊区的宝山登陆，后从北侧迂回占领上海。这时姚子青所在的国民革命军第18军98师由汉口东进上海，身为营长的他更是亲赴抗日前线，奉命守卫宝山县吴淞口。为了专心杀敌，他毅然派人把6岁的养子鸿逵送回平远老家，将体弱的妻子和刚满9个月的女儿留在汉口。姚子青爱自己的妻儿，在国家民族遭遇日寇攻击时却毅然“舍小家，为大家”，在与家人离别时，他说：“保家卫国是军人的天职……丈夫许国，不必相送。……”

电影《捍卫者》就是以姚子青为原型拍摄的。在影片中，姚子青在最后的战斗开始之前，写下了这封家书，让他身边的士兵带回平远。姚子青的儿子姚鸿逵后来回忆：“我最后一次见父亲是在武汉，父亲即将率部奔赴淞沪战场，临行前给母亲留下了最后一封家书。母亲泣不成声。”姚鸿逵说，当时他年仅6岁，记不清父亲的模样，脑袋里全是母亲的哭泣声，“母亲知道，这一次，父亲恐怕再也回不来了。”

姚子青获得的勋章和荣誉证书

沈尔七 (1914—1942)

原名沈庆炬，福建晋江人。1930年到菲律宾工作和学习，并于1934年加入菲律宾共产党。1938年率菲律宾华侨抗日义勇队回国参加抗日，同年2月编入新四军二支队，是参加国内抗战的第一支抗日华侨队伍。不久改名为“菲律宾华侨回国随军服务团”，沈尔七任团长，并转为中国共产党党员。1938年和1940年又先后两次返回菲律宾。1941年11月再次回中国，历任东江抗日游击总队第二中队（即惠阳游击队）指导员兼党支部书记、“与成中队”（以何与成烈士命名）指导员。1942年年中，因负伤并积劳成疾染上肺结核住院治疗，任总队医院（铁岗医院）指导员。同年11月在战斗中牺牲。

勿怪儿之不肖，安心教养弟弟

惟今如不抗日救国，民众将永无翻身之日，故儿愿牺牲一切奋斗到底。“家中甚然困苦”，不言（可）知，望母亲能以儿为光明事业努力，勿怪儿之不肖，安心教养弟弟。

给母亲的信

1938年5月17日

慈母情：

信敬悉，儿平安，勿念。

儿为了革命——抗日救国，多年未寄分文到家，致母亲生活更苦，心殊不安。惟今如不抗日救国，民众将永无翻身之日，故儿愿牺牲一切奋斗到底。“家中甚然困苦”，不言（可）知，望母亲能以儿为光明事业努力，勿怪儿之不肖，安心教养弟弟。致联澳叔与天渊之信，顺便夹上，乞即设法交予。父亲抵厦，待厦门战事结束后，当即修票问安，并催促其以从速回家一视，祈勿介虑。以后凡关于吾乡征收各种捐，均各告以儿已回国投效，请其准免征收。

此致，敬请

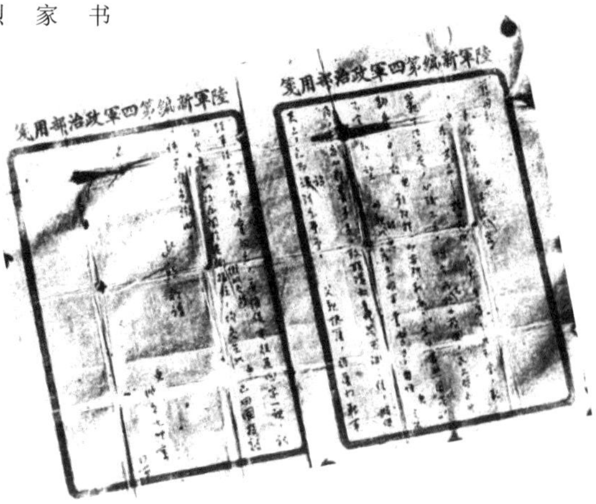

沈尔七家书

康安！

儿　沈尔七叩禀

五月十七日

背景说明

该信的原件存于福建省泉州华侨大学华侨研究所，信中并没有署明年份。1938年5月11日日军攻占厦门，而沈尔七也于当年年初回国参战。因此，根据信中“待厦门战事结束”推断这封家书写于1938年。

1938年初，沈尔七率菲律宾华侨归国抗日义勇队回国参加抗日战争。3月1日，随新四军二支队到达皖南军部。自抗日战争爆发后，沈尔七便全心致力于抗日救国事业，无暇顾及家中，甚至回国时也没有返家省亲。在晋江乡下的母亲为生活所困，又十分挂念儿子，便于1938年春写信探询在抗日前线的沈尔七，并告以“家中甚然困苦”。5月17日他在这封给母亲的回信中陈述了他回国参战的道理。从沈尔七这封信中可以体会到他牺牲家庭、个人幸福，努力于抗日救国的志向。

冼星海 (1905—1945)

曾用名黄训、孔宇，祖籍广东番禺（现属广州市南沙区），出生于澳门，中国近代著名作曲家、钢琴家，有“人民音乐家”之称。1926年入北京大学音乐传习所，1928年进上海国立音专学习音乐。1929年赴法勤工俭学，师从著名提琴家帕尼·奥别多菲尔和著名作曲家保罗·杜卡斯。1935年回国参加抗日救亡运动。1938年赴延安，后担任鲁迅艺术文学院音乐系主任。1939年6月，加入中国共产党。1945年10月因劳累和营养不良，肺病日益严重，最后病逝于莫斯科。创作有《黄河大合唱》《在太行山上》《到敌人后方去》等名曲。

现在天凉了，妈妈珍重

我现在身体很好，比从前更健康、精神更好，饮食又增加了。玲的身体很健康，学习很努力，她会经常写信来安慰你的。

给母亲的家书

1941年9月18日

亲爱的妈妈：

现在天气已经秋凉了，很快的冬天又到了，我希望妈妈康健不致有饥寒之忧虑。我现在身体很好，比从前更健康、精神更好，饮食又增加了。玲的身体很健康，学习很努力，她会经常写信来安慰你的。妈妈千万要放心，不必远念着我们。小女妮娜已经两岁了，她也很康健，她一天比一天聪明活泼，现在还会说话、会走路、会玩耍我们都很留心她的一切。我们都很好的过生活。

我和玲都经常地注意自己的身体和起居，身体特康健，而且很愉快，请妈妈放心。我们在饱暖的时候时常想念到妈妈，因此希望妈妈时常写信给我们。如果生活不好，也要告诉我们，我们一定设法解决困难。现在天凉了，妈妈珍重。

儿 阿地

九月十八日　一九四一年

背景说明

冼星海在延安参加劳动

1940年5月，冼星海因应约进行电影配乐工作而离开延安，年底辗转到达苏联莫斯科。1941年6月，苏德战争爆发了，他打算取道蒙古回国，却在边境受阻滞留乌拉巴托，直到1942年底才离开蒙古去往苏联哈萨克斯坦共和国首都阿拉木图。1941年9月18日，冼星海在给母亲写这封信时还在蒙古，妻子和女儿在延安。因此这是冼星海远在异域他乡、与自己妻女分离的情况下为宽慰母亲而写的一封家书。

在信中，冼星海为安慰母亲，故意化痛苦、焦急、悲哀为健康、欢乐、安详。只有了解这个时代背景，我们才能明白这封家书抵万金的真正意义。

致妻子钱韵玲

1941年9月18日

玲：

匆匆别后不觉已届两度寒暑，两地遥隔，能不依依！时为秋凉，尤望加衣珍重。别后想必学业进步，身体健康。我在这里身体比以前健壮硕大，精神健全，食欲增加，工作更比以前进步，见识亦较以前广泛，身心非常愉快。

妮娜在你殷勤爱护之下，必定很幸福地过她的生活，亦必比以前更天真活泼了。她这一副小面孔，我时常都怀念着她，今年她是两岁了，长大一些还是送她到幼稚园，免得你分心，有碍工作和学习。

我们今后更要进一步的锻炼自己，尤其是处事、待人、接物的各方面。我总有这样的感想，我们一天比一天进步，但我们在现在的环境，应该更努力去学习和工作。比学习和工作更重要的就是锻炼自己的不屈不挠的精神，苦干和谦虚的精神，我相信你比我做得更好，我时常提及无非就是勉励我们加紧日常生活。的确地我在将近两年的时间，我得到许多宝贵的教训和经验，我想在不久，我们可以见面团聚彼此交换一些过去经验和意见，又是何等愉快的事呢。现在你更要安心工作，我回来时必定带给你许多安慰和愉快。

妈妈生活不知到〔道〕怎样？！我怀念着她如同怀念着你们一样，我深怕老人家生活又成问题！你是否仍然每个月给她写信？我相信你一定做了。我记得我从前在上海的时候，百代公司还欠我一些唱片的版税，而今乙〔已〕是四年

冼星海与夫人合影

了，这匹〔笔〕钱积蓄起来亦不少，如果能想办法写信托上海友人去代取，把钱交妈妈维持生活，亦是一个好办法。你可记得这一件事，不然老人家在上海是孤苦无靠的怎样度过这样的生活呢？

或许你明白我为什么许久没有给你写信的原故，现在因有机会可以带信，顺便写几行，聊解你和妮娜的远念。愿努力、珍重代候好友们的安好　不另

黄训

九·一八，一九四一年

背景说明

1940年5月，反映延安抗日的《延安与八路军》纪录片已经全部拍摄完毕。当时党中央决定，将该片送到莫斯科完成后期的制片工作。冼星海因担任影片作曲配音，也启程前往苏联。这封给妻子钱韵玲的家书写于苏联，在寄望彼此于为人处世方面应不断自我完善的同时，也表达了冼星海对家人的涓涓思念。

钟 骞 (1916—1944)

曾化名郑坚，广东省潮州市人。中国共产党的优秀党员，是中共闽粤边杰出的领导人之一。出身于书香世家，1934年考入中山大学文学院。在校阅读马列著作，选择了革命的道路，投身于民族解放事业。1937年8月任“潮安青救会”指导员。1937年10月，任中共潮安县工作委员会（县工委）宣传部长。历任潮汕中心县委宣传部长、闽西南特委机关报《前驱报》社社长、闽南特委秘书长、副书记、代理书记等职务。1944年5月因肺病恶化与世长辞，年仅28岁。1945年，被中共闽粤边临委追认为模范党员。1946年6月闽南特委将王涛支队第四大队命名为“钟骞支队”。新中国成立后被追认为革命烈士。

妈妈的乳汁不会白喂了我的

妈妈，你不是爱你的儿子么？别再说这些太伤害你的孩子的心的话呀！你的孩子太痛苦了！今天他只能用革命来报答妈妈。

写给母亲郑容娘的信

1943年9月16日

亲爱的妈妈：

钱接到了！妈妈的信亦接到！读着读着我难过得要哭起来。妈妈我爱你。我时刻都记得我是妈妈的乳汁养大的。你的孩子不敢也不愿向你说假话。妈妈，你了解你的孩子吧！你的孩子太痛苦了！他不仅不能好好地来奉养母亲，反而要向妈妈要钱来医病。这些钱是妈妈从艰辛勤俭中省下来的！亲爱的妈妈，你爱我吧？为什么连自家孩子的话都不相信，你待相信谁呢？妈妈，我太痛苦了？一切所亲者都或明或暗地在怀疑着我，对天伦说假话，这种郁闷是最难忍受的！

妈妈，我很好，你别念挂！虽然你的叛逆的孩子不能够好好地来补偿妈妈毕生的心血，不能够好好地在今天来解消妈妈留在额角上几十年来的苦难与忧烦所堆积起来的皱纹。可是亲爱的妈妈，站在人群与国族的事业上，妈妈的乳汁毕竟不会白喂了我的。妈妈，我哀求你，硬起心肠来宽恕你的不肖的孩子的罪过吧！赐予他走着他自己的道路的慈爱吧？

妈妈，你不是爱你的儿子么？别再说这些太伤害你的孩子的心的话呀！你的孩子太痛苦了！今天他只能用革命来报答妈妈。

敬祝妈妈：

康健愉快！

你的不肖的孩子：骞

九月十六

背景说明

钟骞是一个年轻的共产党员，满腔热情投身于当地的革命斗争和抗日救亡运动，为了革命事业他倾其所有，常年离家在外，不仅不能奉养他的母亲，还要承受来自亲朋好友的怀疑，积劳成疾，得了肺结核病。他抱病工作，同时他拒绝党组织拨钱给他治病，要党组织把不多的经费，花在更需要花钱的革命事业上。后来他母亲寄钱给他治病，他深为感动，在1943年9月16日这封病中写给母亲的信中，充满了对母亲的愧疚之情，说他既“不能够好好地来补偿妈妈毕生的心血”，又不能够“解消妈妈留在额角上几十年来的苦难与忧烦”是不肖的，但是，他所做的事业，是“站在人群与国族的事业上，妈妈的乳汁毕竟不会白喂养了我的”。为了弥补自己的“不孝”，“今天他只能用革命来报答妈妈”，充分体现了钟骞为国为民鞠躬尽瘁的革命精神。这封用血和泪写成的书信，语言朴实感人，读起来催人泪下，可以看出钟骞作为一个革命者的拳拳的赤子之心！

余程万 (1902—1955)

广东台山人。毕业于黄埔军校一期及国立中山大学政治系，1931年就任南京警卫军少将教官，次年转入陆军大学研究院深造。1936年11月任海军局少将政治部主任。抗日战争爆发后，任第74军57师副师长，于湖北高安击退日军，固守江西上高阻击日军。1940年参加长沙会战和浙西五峰之役，因为指挥有方、固守善战，被晋升为第74军57师师长。是1943年常德保卫战的主要将领。1948年任二十六军军长，后赴香港。1955年8月27日遭匪徒抢劫遇害。

天下艰难唯一死

此次奉最高统帅命令保卫常德，任务固甚重大，但余以能担负这个任务为光荣。

给妻子的信

……程万早岁毕业黄埔，深受熏陶，忠党爱国，只知不成功即成仁，同时余全师兄弟亦因余故，而受领袖感召。此次奉最高统帅命令保卫常德，任务固甚重大，但余以能担负这个任务为光荣。余已决心为国牺牲，誓歼顽寇，幸勿眷念于怀。天下艰难唯一死，充其行之极致，就是杀身成仁，勿求生以害仁，余决信守不渝，以期无负领袖的期望和父母养育之恩。

背景说明

1938年6月11日，日军在海军支援下攻占安庆市，一场横跨安徽省、江西省、浙江省及湖北省等广阔地域的武汉会战开始了。该会战进行了4个半月，是抗日战争初期时间最长、规模最大、最出名的会战。

日军于9月26日攻占武昌及汉口，翌日攻占汉阳，武汉三镇最终沦陷。武汉失守后，历次驻防常德的中国军队，都曾修筑过防御工事，但都不尽如人意。余程万驻守常德后，率57师对其进行了一番综合整治。至11月13日，余程万带领着师部的随员绕城一周视察城内防线，看到固若金汤的防御体系，心中顿生豪情，对于常德一战的信心也骤然大增。他让全体官兵都留下家书，由军邮员带出城去。他自己给远在昆明的妻子庀瑗的信中写道："此次奉最高统帅命令保卫常德，任务固甚重大，但余以能担负这个任务为光荣。余已决心为国牺牲，誓歼顽寇。"

师长尚且不惜命，全师8000将士更是抱定了必死抗敌的决心。抵挡日军116师团30000精兵长达12天之久，弹尽粮绝，后余程万率部突围，次日即带增援部队32团反攻常德，当日收复常德。

余子武

(1901—1944)

号文波，广东台山（今属江门市）人，曾任国民革命军陆军第62军151师副师长。自幼聪慧努力，1923年考入北京大学法学院，两年后入读东京政法大学。1926年入日本陆军士官学校二十期骑科攻读，1929年毕业回国投笔从戎。曾参加淞沪会战及南京保卫战，屡立战功。1939年七月晋升国民党陆军62军151师少将参谋长。1943年6月，晋升为国民革命军第62军151师少将副师长兼政治部主任。1944年7月9日指挥衡阳保卫战殉国，时年43岁。1992年被民政部追认为革命烈士。

长沙已失守……

曲江如未沦陷，可暂在仁化住定。如曲江沦敌，你等可搬到长江东仁化住定后，可时着培根等步行至曲江取物，三日可以来回矣。

给家人的信

1944年6月27日

璧：

我十七晚上回到师部处理一切，下午十二时到车站乘车。十八日上午三时升开车，下午六时到达衡阳。在衡阳驻了数日，现开到西南方——祁阳城。

长沙已失守，我军到湖南后仍未遇敌。湖南已沦陷七八县，老百姓扶老携幼逃难者不计其数，真是可怜！

周排长回来称你们于十八早搬东西落船，中午开船。想你们已到仁化并受许多苦楚矣！

曲江如未沦陷，可暂在仁化住定。如曲江沦敌，你等可搬到长江东仁化住定后，可时着培根等步行至曲江取物，三日可以来回矣。

每月在军部后方领米未知能领足五百市斤否？念念。现在此逃难中，最要紧是食饭。其他要尽量省钱。亚彩不可留用，少个则减少个人食饭。

我身体平安请勿念。

耑此顺颂

闺好！

波字顿首

六月廿七日

背景说明

1944年6月，日军占武汉，陷长沙，南下向衡阳进犯，形势十万火急。6月14日，余子武从印度集训回国后，即参与国民党阻击日军西进的衡阳豫湘桂会战。由于所率的151师行动迅捷，浴血奋战，重庆统帅部给151师记大功一次。7月5日，151师在狮子岭、五里牌一带与占领白鹤铺镇之敌发生激烈战斗，歼敌600余人。7月9日，151师奉命与157师向围剿衡阳之敌进行攻击，在衡阳西站与敌展开激战，反复向围攻衡阳之敌冲杀，血战数昼夜，毙敌军联队长尔和少将以下数千人。

1944年7月21日拂晓，设在郑家冲的151师指挥所突然受到敌人袭击，余子武率领精悍的特务连冲向敌阵。血战中，

衡阳保卫战

余子武的战马身中数弹，惨叫而死，他的左手也被流弹击中，血流如注，威严的戎装也被横飞的弹片撕成破旗，但他仍血手紧执指挥刀，最终后背及腹部连遭重创，为国捐躯，时年43岁。国民政府为褒奖其英勇精神，赐予国葬礼遇。1992年，中华人民共和国民政部颁发证书，追认余子武为革命烈士。

据余子武后人介绍，这是1944年7月26日辗转收到的来自余子武的最后一封家书。家书书写在红色的方格信纸上，其中既有“长沙已失守，我军到湖南后仍未遇敌。湖南已沦陷七八县，老百姓扶老携幼逃难者不计其数，真是可怜”的感慨，也有“现在此逃难中，最要紧是食饭。其他要尽量省钱”的嘱托。此外，在信笺的背面还写着“我行止未定，故未将通信地址告你。波又及”。

张文彬 (1910—1944)

原名张莼青，湖南平江人。1925年加入中国共产主义青年团。1927年加入中国共产党。1928年7月，率领部分工农赤卫队参加红五军。1934年10月，随红三军团参加了长征。1936年，被派到西安，领导中共西北特别支部对杨虎城进行统战工作。西安事变后，作为中共代表之一参加谈判。1941年香港沦陷后，参与指挥省港大营救。1942年，率中共南方工委转移时被江西省中统特务机关秘密抓捕。1944年8月，因受长期折磨而病逝于狱中，时年34岁。

现在国事严重，无暇返家

你必须鼓励我们屋里地方上有小孩的人，必须送上学堂读书。你如有暇，应帮助失学孩童读书、写信，有如我们小时候一样！

致侄书

1941年9月10日

书义：

……小同长同学同玩的好像弟弟一样的书义：

你很康健吧！你们……孩儿都很平安吧！？收……好吧？！

我虽在外面跑了这多……快长胡子了。但我还没有家室……己也常以为还是个小孩子……我们的看牛，捉迷藏，打架子……孩童故事，只可惜现在国事严重，无暇返家，不能共叙快乐，憾甚！刘荣（大概是这名字吧）给了我几次信，我……感激他，我更很佩服他……信上看到，他是有志气的可造就的人，可惜我竟未给他写信，现趁暇写了一信。

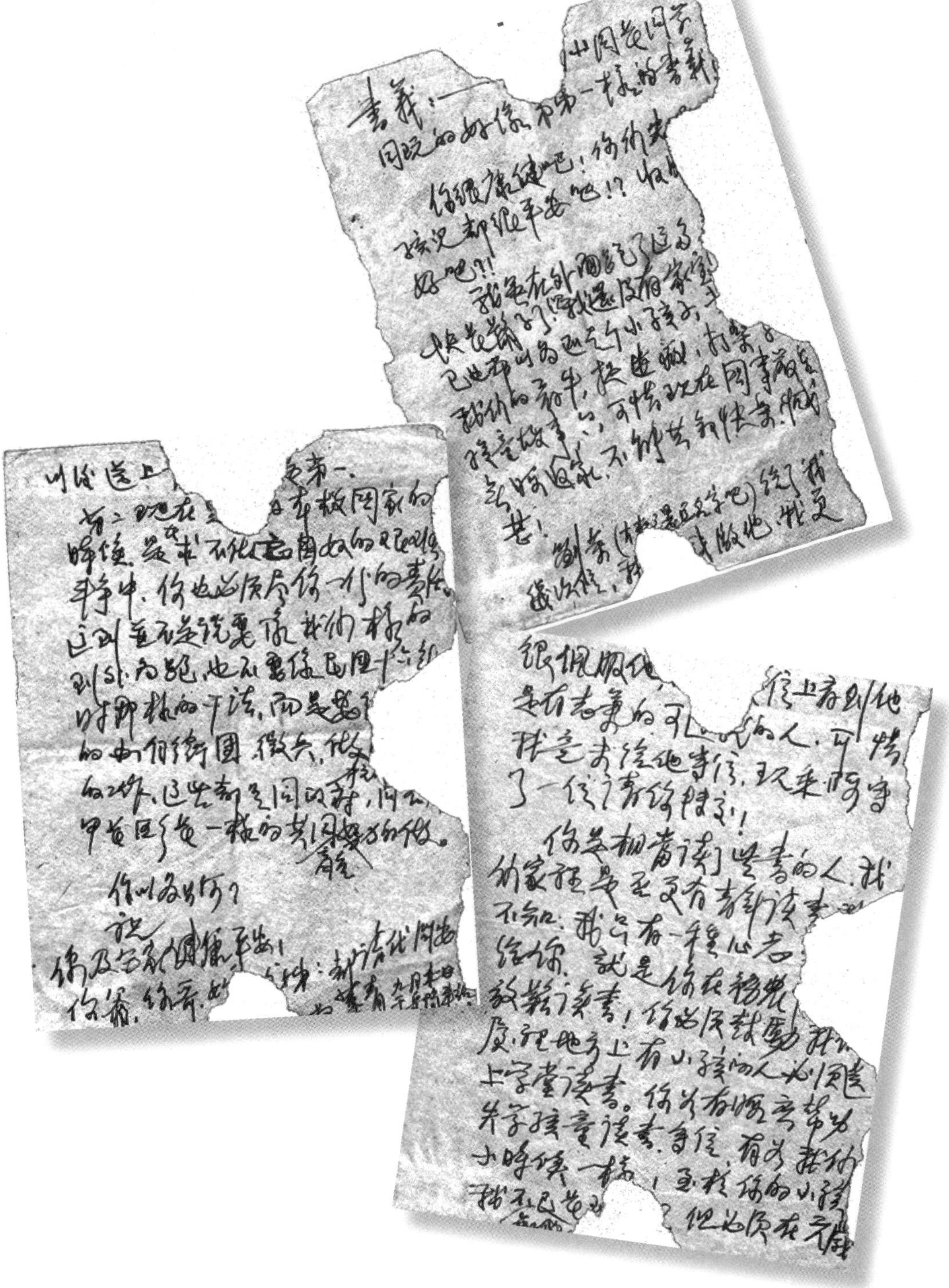

请你转交！

你是相当读了些书的人，我们家里是否更有青年读书……不知，我只有一种心志……给你，就是你在务农……放松读书！你必须鼓励我们屋里地方上有小孩的人，必须送上学堂读书。你如有暇，应帮助失学孩童读书、写信，有如我们小时候一样！至于你的小孩，我不知他已长到……但必须在六岁以后送上……是第一。

第二，现在是……日本救国家的时候，是在求不做亡国奴的艰难斗争中，你也必须尽你一份的责任。这到〔倒〕并不是说要像我们样的到外面跑，也不要像民国十六年时那样的干法，而是要……的办自卫团、征兵、做抗……的工作，这些都是同政府、同……甲长区乡长一样的共同商量努力的做。

你以为如何？

祝：

你及全家健康平安！

你爷、你哥、□□□姊，都请代问安！

□叔莼青九月十日于岳阳车站

背景说明

这封家书是张文彬写给侄儿张书义的信中回忆了两人一起成长的经历，充满着对美好童年的怀念。他还教导侄儿现在是“救国家的时候，是在求不做亡国奴的艰难斗争中”，“必须尽你一份的责任”，以各种形式投身到抗日洪流中。因此他郑重地建议侄儿“鼓励我们屋里地方上有小孩的人必须送上学堂读书”，“帮助失学孩童读书、写信”。张文彬关心的不仅是时下的救亡图存，更希望革命事业后继有人。正是在张文彬这样的革命先烈教育和感召下，在中华民族面临亡国灭种的危难之际，中华儿女奋起抗敌、共御外侮，取得了抗日战争的伟大胜利。

张文彬曾经工作过的中共南委机关旧址

梁金生 (1906—1946)

广东宝安布吉草埔村（今属深圳市罗湖区）人，越南出生，国际共产主义战士。1925年回家乡成立农民协会，开展农民运动。1937年8月，在布吉开办民族中学，培养抗日救亡骨干。1938年1月，任宝安县立初级中学校长，开展党和农民运动工作。7月，赴延安，从事药业生产和教育工作。1946年在越南牺牲。

六日相思胜似年

我想小平能得像你这样的妈妈，他是幸福不过了；我也是快乐不过了！

写给妻子姚淑平的信

1945年3月15日

平最慈祥的好妈妈：

我想小平能得像你这样的妈妈，他是幸福不过了；我也是快乐不过了！布我买到三幅共二丈一尺，每尺二十二元五角，计共四百七十元。最近百物涨价，这布卖二十五元一尺，因我是股东才照本卖的。

陕甘宁边區教育廳
委任状
茲委任梁金生為陕甘寧邊區保育院小學校校長
此状
廳長
副廳長 賀連城
中華民國卅一年二月 日

陕甘宁边区教育厅任命梁金生为陕甘宁边区保育院小学校长的委任状

工作忙极，自不在话下，你是可以想象而知的。日来常外出晚归，月光照耀清澈大地。“人生几得月当头”，谨献给你拙诗一首：

六日相思胜似年，悄悄月夜踱窗前。

英雄未必无情者，先后公私界线明！

最疼小平的爸爸

1945年3月15日

背景说明

梁金生是国内革命战争、抗日战争时期的爱国志士。1945年8月，抗战胜利后，中共中央接受越南劳动党主席胡志明的要求，派梁金生等几位同志支援越南革命斗争。行前在延安中央党校学习，梁金生受到毛泽东、朱德、周恩来亲切接见。这封家书写于1945年3月，其时梁金生已得知将赴越南，信文语言平实而深情，因当时延安布匹紧缺，家书开头看似家长里短的事情被梁金生如此详述，正掩藏着心底深处别离的惆怅。他深知此行九死一生，虽深爱妻子，却更心系国

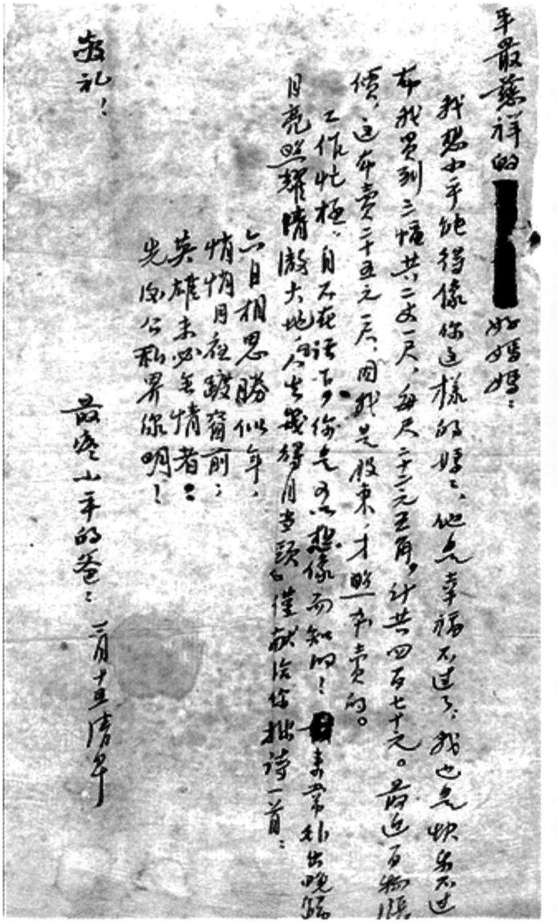

1926年梁金生(站立前排左三)出席广州召开的全省农民第的二次代表大会

布吉草埔村的梁金生旧居

梁金生（左一）被派到广西百色开展工作

家，万千惆怅，却不能长言。不幸的是，1946年初，梁金生参加越南劳动党与中国国民党谈判，遭特务下毒而牺牲。此信也成为梁金生留给家人的最后一封信。

（供稿单位：深圳革命烈士陵园管理所）

邓 发 (1906—1946)

原名邓元钊，广东云浮人。1925年加入中国共产党，同年参加并协助苏兆征、邓中夏等同志领导省港大罢工。1927年参加广州起义。1928年后历任中共香港市委书记、广州市委书记、广东省委组织部长。1930年后任闽粤赣边特委书记、中央工农民主政府执行委员兼政治保卫局局长。参加长征并担任纵队政治委员。抗日战争期间曾任中共驻新疆代表、中共中央党校校长、中共中央职工运动委员会书记、民运委员会书记。在中共六届三中全会和第七次全国代表大会上当选为中央委员，六届五中全会上当选为政治局候补委员，1945年9月代表解放区职工出席在巴黎召开的世界职工代表大会。1946年4月8日，同博古、叶挺、黄齐生等人一同返延安时因飞机失事遇难。

国家未来寄托在你们年轻一辈的身上

如果你真不怕漂流，敢于别开你温暖的家庭，我当然愿同你到海洋，到天空去漂流，像哥伦布一样，一直漂流到理想的新大陆！

给堂弟的信（一）

1946年1月21日

碧群：

抗战八年，我虽未死于战场，但头发却已斑白了，但我比起遭难的同胞，战场牺牲之英雄，不但算不得什么，而且感到无限惭愧！国家所受破坏是惨重的，人民的牺牲，房舍的被蹂躏，这一切固然付出了巨大的代价，然而中华民族不但在东方而且在全世界站立起来了。倘若国内和平建设十年八年，中国就会成为世界头等强国，人民生活文化将大大的〔地〕提高。国家未来的伟大前途都寄托在你们青年一辈的身上。现在你在高中肄业当然很好，如果可能的话，我希望你能进大学。同时希望你除功课之外，应多阅些课外书籍和

1945年，邓发赴法国参加27届世界职工代表大会在机场与儿子邓北生合影

文学著作，以增加一些课外知识。

宏贤叔父在努力办学，这是个好消息，你若有暇，应帮助叔父，一则可以锻炼办事本领，二则可予叔父一些鼓励。我不敢对你有所指教，只提供一点意见作你参考而已。

兹附上照片两张以作纪念！在不妨碍你功课条件下，望常来信为盼！

顺祝

学习进步！

元钊

一月廿一日草于渝市

背景说明

碧群是邓发的堂弟。此信写于1946年。当时邓发作为中国劳动协会代表团成员出席巴黎世界职工大会后，途经上海到重庆，准备参加即将召开的国民政府政治协商会议。这是邓发到达重庆后写给堂弟的第一封信。在信中，邓发回顾了中华民族在八年抗日战争中所付出的惨烈代价，同时为中华民族重新站立起来而自豪。邓发在给堂弟的信中，时时不忘勉励他“国家未来的伟大前途都寄托在你们年轻一辈的身上”，这反映出了早期共产党人的坚定信念。

给堂弟的信（二）

1946年4月8日

碧群弟：

三月廿一日信已收到，你希望到大学读书，我非常赞成，而且我一定负责你到大学读书的一切！当我答复你二月十九日来信时，已把目前交通困难情形告诉你了，现在的问题不是能不能送你入大学的问题，实因交通困难，无法叫你立即来。只要交通方便，我当即通知你，请放心！

我本想送枝〔支〕钢笔及名画给你，无奈邮政无法寄，拟待朋友赴港时再托人带给你。以后我陆续先寄些书给你。我不久即赴京、沪，望接此信后，不要再寄信来渝，到京后当另告新的通信处给你。

你希望我清明回乡扫墓，我也曾这样想过，但交通困难及锁〔琐〕事繁冗，致不能成行，奈何！我虽久别了故乡，但我时刻怀念故乡，留恋故乡。想念着兄弟父老，你说他们也一样怀念着我，这样久他们还没有把我忘掉，真使我感到无限快慰！

碧群弟，你虽然未见过我，但你信上所说别人所讲的我大概也差不多了，你羡慕他这样一个漂流的人，你不怕陷于一样的漂流吗？如果你真不怕漂流，敢于别开你温暖的家庭，我当然愿同你到海洋，到天空去漂流，像哥伦布一样，一直漂流到理想的新大陆！我真挚地期待着！

祝你：

春天快乐！

云

8/4、46于渝

接信望即告粲熙两兄亦不要寄信来渝，以后直寄京沪新址为盼！又及。

邓发故居

背景说明

此信的手稿原件在中国革命博物馆收藏。云是邓发的别名。当时邓碧群在香港读书。1946年1月，邓发出席世界职工代表大会后，与朱学范一起乘飞机经上海到重庆参加政协会议。4月8日，邓发准备乘机飞往延安，当天临行前给堂弟邓碧群写了这封信。令人惋惜的是，1946年4月8日下午2时许，邓发在由重庆返延安途中，因飞机失事不幸于山西黑茶山遇难，时年40岁，同行遇难的还有博古、叶挺、王若飞等人。此信充满了邓发对家乡和亲人的深深挂念与关怀，同时又表现出了为国家、为人民、为革命的利益不怕苦，以苦为乐的革命乐观主义精神。

李德光 (1918—1947)

又名李文逸，广东台山人。早年入读上海体育专科学校。1938年加入中国共产党。历任党支部书记、区委书记、青年抗日先锋队大队政治委员、台山抗日游击队一连指导员、广东中区人民抗日解放军第四团政治处主任等职。1947年3月，任台山人民游击队政治委员。在赴中共华南分局接受任务返回途中，于3月16日不幸被捕。在狱中受尽严刑拷打，坚贞不屈，4月6日受刑时牺牲，年仅29岁。

你须知善处自己即是爱我

你须知善处自己即是爱我，使我无后顾之忧，而钟爱自己前途，我亦安心了。你聪明，当然会一切达观的。

给妻子的信（一）

1947年3月26日

吾妻如见：

我此次入冤狱情形，可看我口供便知一部，总之系意外与“枉”屈，将来有机会时大家总会明白的。

昨天曾看到阿妈（同行的大概是阿姆了），但妈见不到我，她结实与安闲得使我惊喜。

请告陆小姐的先生，他们嘱办的事因意外全搁下，要他们速另设法善后才好。

闻族绅一般对我都同情与帮忙，那我更高兴的。如见我将来幸得有生出狱当会重谢他们。否则，你代表好了。

愿婆婆、人人两老人家多长些寿，好能享享将来的幸福，那你将来就也高兴了。你千祈要珍重自己，勿悲哀，弄坏身体与事情，并多劝两老人家安心。如有人看小我们，只要诈〔作〕聋诈〔作〕傻好了，将来总会大白的。

明爸

润〔闰〕二月初四早

（三月廿六）

背景说明

1947年3月16日，李德光在香港接受中共华南分局任命回来时，途经台山汶村大迳口与国民党军遭遇，不幸被捕，解送台城。在国民党县府被当时的参议员、田粮处长李君诺认出，遭受百般辱骂、殴打。随后，李君诺向县长伍仕焜指认他是台山共产党骨干。

伍仕焜对李德光先以利诱、威迫，但李德光不为所动，只好将他下狱，囚于死牢。3月下旬李德光在给亲人的信中说："十日来的囚徒生活，从绳绑到双链，从三四重哨兵到六重铁闸，……尝到了过去只是口述和文字上得来的滋味""人死去了非悲伤所能挽回""春天已到，最后的寒流已过了。今天太阳已出，我想，春暖的日子快到了。"在3月18日他还写下两首诗以明志。

其一 寄妻及友好

志趣相投兮我共君，十载共苦乐兮长不分。

眼看经营将大获兮不聿失足，

愧误所托兮惭失职责。

资财乃令亏损兮情焦如焚，

惟幸我离去矣君仍在兮心亦安然。

且看春暖花开兮大地灿烂芬芳!

其二　寄妻

人生自古谁无死，惟比泰山抑鸿毛。

情兮利兮何所重，重利轻离意泰然。

忍看妻雏成孤寡，留待日后享富荣。

凄苦一时何足惜，且愿收泪待黎明。

4月6日夜间，国民党政府再次审讯。李德光报以怒眼冷笑，数次受刑以至肋骨压断，晕厥多次，但仍坚持。深夜三时，国民党终于失望地把他拖回牢房。就在黎明之前，李德光与世长辞。

给妻子的信（二）

1947年3月28日

爱妻如见：

前上之信料均收到，因狱中写信不便，且我又受封闭探望待遇，故更难与外间通消息。现下营救情形，想福妹已详告。总之是次不幸，系出意外。我虽全无证据，但受别人带枪及信件所牵累，枉苦难言。我的心境早已屡信告及。你在外千祈珍重，节哀待变，好好抚育宝宝!

目前我还有一线希望（至同时在茶寮被捕之人，则有物证，当将绝望了），固虽受牵累，但不相识又无证。你应即最恶劣情形打算，善处自己，一切有家庭、有朋友帮助，不必担心。你须知善处自己即是爱我，使我无后顾之忧，而钟爱自己前途，我亦安心了。你聪明，当然会一切达观的。

我担心的还有经手生意多，此次入狱，一切影响而有亏损，望各东家速注意收拾。

你与宝宝身体应要注意保重，看医吃药，不要省钱。须知弄不好这，就是对不起我，没有钱时与家里商量。

我仍很好，每天大便畅通，胃不痛，很开胃，整天想吃东西呢。你也应该好好呀！千万不准你伤心，更不许你哭！

握手！

附上草章请转股东清理。

昭爸

三月廿八晨

背景说明

明爸、昭爸都是李德光的自称。这封家书于1947年3月写于广东台山监狱，李德光在赴任台山人民游击队政委的途中不幸被捕，狱中他受尽严刑却始终坚贞不屈。李德光1947年3月至4月间写给妻子多封信，信中通过暗语，嘱其亲人及时转告党组织和革命同志，避免革命再受损失。信一中“他们嘱办的事因意外全搁下”，隐指李德光回台山前，中共华南分局布置的工作任务，因他被捕而未能完成。信二中“生意多”，隐指他负责的革命工作；“望各东家速注意收拾”，暗示我党各联络点的同志迅速转移、隐蔽。

郑达明

(1927—1948)

原名郑帝宁，又名郑帝生，广东中山人，华侨子弟。1942年入伍，中共党员，广阳支队第七团副教导员，1948年8月在广东省云浮市新兴县船岗战斗中受伤，由于缺医少药，同年9月在新兴县合河担水坑医治无效而逝世，年仅21岁。

我是晓得珍重自己的

在过去已经有着那么多顽强固执的人愿意躺在流血的地上，用他们的尸体铺平那神圣的、希求着憧憬着的险阻的路，难道留给我们走的这一段短暂的路，我们没有勇气走完它么？

写给父亲的信

1947年2月6日

父亲：

十一月七日寄回家里收的美圆二百元，一月八日由我转回家里收的信并美圆一百元，母亲都先后收到了，他叫我回信给你，请勿念。

《华商报》的事情，我是托孙一之先生去处理的（由于那时功课较忙和自己的懒惰），岂知他贵人事忙，一口答应了我以后就把事情置于脑后。当然，这不能否认我做事的糊涂和随便的罪过。早几天我已经和那里的负责人谈过，并叫他把最近的情况写信告诉你。（当时用的名字是郑正心，收据存一之先生处。）

丽梨于年初二就可出来。现付上这学期的成绩单，分数比前退步了，因为多了一点课外工作使自己不能全神贯注于功课，扪心自问并非偷懒，请您原谅。

把梨妹安置妥当和托付同学们好好照顾以后，我打算在新年时离开香港，同时脱离了在学校学习的生活，回到广东中区的农村，准备和那里的农民做点事情，并向他们学习以锻炼自己。父亲，您一定又说我的急性冲动而深以为忧吧。关于这，一切请您放心好了。我是晓得珍重自己的，关于决定自己今后的生活路向，我是非常理智而慎重的。因此我的出路是简单明白的，我们这一代的出路也是简单明白的。我知道，宋子文的最后挣扎还会给广东的土地带来一场残酷的战争，然而，形势比宋子文强，历史的命运注定宋子文一定会失败，人民一定要胜利的。而且，在过去已经有着那么多顽强固执的人愿意躺在流血的地上，用他们的尸体铺平那神圣的、希求着憧憬着的险阻的路，难道留给我们走的这一段短暂的路，我们没有勇气走完它么？现在还是要付出我们的精力和热血去种苹果的时候，不去栽培果实而坐享其成，实在是莫大的耻辱。至于我的知识能力都那么幼稚而浅薄，我晓得在农村里和农民当中蕴藏着地丰富的知识宝藏，只要我善于向他们学习，总结每天的斗争经验不断地充实自己，我一定能够成为一个忠实而勇敢的人民战斗员。您知道我的主意和了解我的打算之后，您会为我高兴吧！

梨妹的学费希望您能快点寄回，存孙先生的三百元我想把它带走。您要写信给梨可直接由孙先生转。以后您有空的时候还希望您能够时常勉励教育我，信暂由香港中侨转郑耀明转我。永开叔公夫妇已于前几天起程往檀香山，他们会一路平安的，请勿念。不多写了。

祝您

快乐！

宁儿

二月六日 香港

背景说明

1946年5月，珠江纵队部分人员随东江纵队北撤至山东解放区，郑达明按照上级的隐蔽身份的要求，转移到香港香岛中学读高中，把读书作为党交给的一项重要任务。读书期间，他坚持搞革命，身份有所暴露。党组织派他回内地参加游击队。

1946年11月，郑达明接到父亲来信，要他转学到美洲，攻读大学农牧专业。但郑达明有坚定的革命信念和明确的人生奋斗目标。1947年2月他复信给父亲，说明了自己的决心。信中可见一位热血青年在祖国受难时，舍弃安逸舒服的生活，肯吃苦、不怕牺牲、奋勇上前的革命精神。

（供稿单位：新兴县党史县志办公室）

朱振汉

(1932—1948)

广东兴宁人。1948年参加共产党领导的游击队，担任珠江队文化教员。同年11月初，东二支队司令部决定歼灭太湖驻敌，珠江队担任正面攻击。朱振汉立即写了决心书和入党申请书交给指导员，带头参加“钢铁决死队”，并且在誓师大会上慷慨明志。15日在战斗中牺牲，年仅16岁。

你应该欢喜有一个光荣的儿子

一个人是没有两次死的，一个人一定有死，但有的死了是无声无息的。我想一个人生出来做什么呢？其最有价值的就是为了光荣的死！

写给母亲的信

1948年

我最亲爱的妈妈：

我这次写给你是最后的一封信，也是最后一次和你谈话。你儿子的死是光荣的，为了全中国的人民解放而死是有价值的。妈！一个人是没有两次死的，一个人一定有死，但有的死了是无声无息的。我想一个人生出来做什么呢？其最有价值的就是为了光荣的死！

妈！你或许认为你的儿子大不孝了！其实你应该欢喜你有一个光荣的儿子，你辛苦抚育是有价值的，全中国的人民都忘不了你。好了，最后我希望你努力教育好伟汉仔，准备建设将来的新中国。

并祝快乐！

生命诚可贵，爱情价更高。

若为自由故，两者皆可抛。

小儿振汉

背景说明

这是朱振汉写给母亲的最后一封信，年仅16岁的他在信中表明了自己深爱母亲的同时，也为全国人民的解放事业做好了牺牲的准备。在信中他表明了自己愿意用鲜血换取“全中国的人民解放”，年纪虽小，朱振汉却有着过人的魄力和清醒的认识，他牺牲后，船塘党组织追认其为共产党员，遗体安葬在塔岭烈士陵园。

李 卡

(1922—1949)

又名钧海、亦池、永乾。广东化州人。中学时代即追求革命，曾因参加抗日救亡运动而遭校方开除。抗战胜利后到广东国民大学新闻系读书，同时参加建国日报社的工作，发表大量文章揭露国民党反动派，遭到追捕。1947年，到北江开展武装斗争，同年7月加入中国共产党，率领部队灵活勇敢打击敌人。1949年1月，在曲江开展工作时被捕，在狱中顽强斗争，并写下一批日记和遗书，充分反映了他对革命事业的坚定信心和乐于为人民献身的高尚情操。同年9月4日惨遭杀害。就义时年仅27岁。

我会在梦里听到你洪亮而快乐的高歌

我死后你应马上忘记我，第一减少你的忆念痛苦，第二你也应该继续你理想的追求。我愿你未来和一位忠诚为人民服务的人做朋友，你应该仔细地选择。

给未婚妻徐云的信（一）

1949年3月9日

云姊：

你给超群兄的信我看过，很久我便给你写信，可是这是一件相当困难的事，我怕连累到你。为了使你知道我的消息，我曾不断地搭信到堂兄处。相信你也知道，我现在是很好，早半年曾病了一场，是五六年来所仅见，却又不至于死，经济上更感困难吧。

我和另外两个人一齐到此，前几天少了一个，这样便引起风声很不好，传说十分可怕。但如此的传说仍然不会使我不安，而使我不安的是悲悼一位战友，所以这几天来我是郁郁不乐。而根据传说及我个人问题，大约我的生命将不久在世。

我是平常的人，在这个伟大的斗争中，确是一个很平常的人，而我的被捕及死都是意料中的事，是不可怕的，而怕也怕不来。是的，我仍然存在着中国知识分子的劣性，我希望能自己克服。

既然我是一个平常的人，我不能像英雄们那样写下动人的遗书，而我亦无写遗书的必要，但是为了你，为了难忘你，为了感谢你，我不能不给你写这信。假如真如我所估计一样，你就把此信作为我给你最后的一封信吧。

这样又会使你难过了，但你常常说，你比我理智得多。我望你不要为我而流泪，那是不值得的，更会使你身体消瘦下去，这是我死也不瞑目的事，我相信你是不会的。

你不要把我两〔俩〕之间的往事记起来，那有什么用？作为写小说的资料吗？还有许多动人的故事，你何不用心去记？作为纪念我吗？那又何必呢？

我个人或有一些值得别人学习的优点，我死后，你不要向别人夸耀。那是极其微小的，何况我缺点多着呢！

我死后你应马上忘记我，第一减少你的忆念痛苦，第二你也应该继续你理想的追求。我愿你未来和一位忠诚为人民服务的人做朋友，你应该仔细地选择。

是的，我仍然有许多缺点，你同样也仍然有许多缺点。在生活斗争中你该革除过去的鬼脾气呀，不然，你会更痛苦。

我的遗尸问题，你不必理它，人死了尸是不值得留恋，莫要学那些正人君子的封建思想，找麻烦费金钱是没有什么意思的。

真的我死的消息传给你时，你不要告诉母亲，使她难过，我心更不安。

可以把我一切消息告诉你认为我以前可靠的朋友们，并望他们今后在新的社会下努力工作，并望他们努力学习斗争。

退一步估计，假如我免至于死，而案情亦已有所决定，望你能做迅速的调查，最好葵兄能再来一次，不然亦应物色一个较妥的人来探，把情况告诉我。

这儿我报告我目前的生活：

1. 写一些被捕经过的记述。实在在此写东西也是困难的。我有心而不定，夜里电灯暗，日里人复杂。

2. 看书是一件最好的消遣，肖红散文及《呼兰河传》我都在此看完。我很爱肖红，另外鲁迅的文章也有得看了。

李卡的女儿李水田一直珍藏着父亲的遗像

3. 生活，我有时搓搓麻将，总之生活上无一定规律，夜里必需下半夜才能入睡，因为人多，太嘈杂，下半夜才睡的人居大半，并不是无独有偶。

有人来最好是月底来，就算未死，也要经济接济，葵兄回时他说有人送米来，到现在未见来。

我很挂念你的病，你的理想是教书，又不愿负担复杂的功课，当然如理想一样达到成功是好的，但未有如此的好职位。我以为你还是和克兄一齐工作好，就这方面发展是好的。

时局就快转变了，天翻地覆的日子快到了，报上已坦白承认共军将渡江，华南当有一场恶战，这就是最后的用武装解决中国革命的一场大斗争。过后，人民便快乐了，你也会跳舞似的迎接新的日子的，你们应该快乐。

歌唱吧，我会在梦里听到你洪亮而快乐的高歌。

可以来信给超群。

敬候

健康！

池

3.9

给未婚妻徐云的信（二）

1949年4月1日

亲爱的姐姐：

接到你三月时期日的信，如命写了一封信等人来转给你，当时药还未收到，后来我托人寄一信给你，那天很凑巧的送药的朋友来了，我还未见到他。照郑先生说他很慌张，一交了药便跑了。这样那封信便没有给他。从他手里接你的三月二十日的信。

你二十日的信我读了，知道你替我不安，我很感谢你。但如果你有了工作，你便安心去吧，不必为了我，我自己会懂得去处理自己的生活。今后的问题，也只有候命吧。

你三月十七日复给我的信，我很敏感地感到你可能误会了我。是的，当时我在不安的心境下，是写得那么冗赘零碎。

至于经济方面，你不会不了解我的情景，这里买东西十元只得五元的东西，一半是被剥削了，且又要一些“熟性”的应酬，所以我的经济最近会成了问题。而我也知道你们穷，我不能要求过高。坦白的朋友们！我很感谢你。

最坏的（也是我感到最快乐的）场面会降临，我时时准备着，但最恼的就是看不清情况而已。

对我的问题，千万不要摇尾乞怜，这才是爱我的表现。汪兄回来了吗？

如果尽可能给我经济帮助，请能在最近给我，每月有十多元港币便足了。

三樽补药，我先食维他命，有一两个朋友因病后，我也分甘共享。这样贵族之货物勿购来。可是我感谢朋友们的真诚。

大概这信你不会接到，你离穗了吧。

我的脚不大成问题，勿念，我比起初来韶较胖了，这些健康都是你的赐予，上帝知道的，我对着上帝祝福你和朋友们永恒得到自由与幸福。

好了，敬祝：

快乐！

弟弟 敬上

4月1日

给未婚妻徐云的信（三）

1949年4月5日

云兄：

感情有两种，一种是属于个人的，一种是属于大众的，前者是剥削意识，后者是被剥削意识指挥的。理智就有两种，一种是革命的，一种是反动的，我们应该对它两个分别得清楚。——我对你的感情与理智看得很透彻的。云，实在从你的信中，感情在你的心海中泛起的波潮是相当高的，你不要掩蔽哟，这是你爱我的表现。你给我的信几封我都存着，有时拿出来看，一面我得到无限的慰藉，一面我又是把泪水向肚子里流呀，云姐。

你每封信似乎都写明在怀疑我不了解你，实在是冤枉之至哟，你真有此念头，你应该忆起过去我对你一切的真诚表现，也许那时我们是有点幼稚，但怎能怪呢？

亲爱的，我应说些什么才能使你了解我？亲爱的，放心吧，假若你以后不会看到我的信，你也应该放心，放胆地去努力吧！

说到我的事情，我很不了解，但我是随时准备那快乐的时刻——被杀戮到来，我是有此勇气的。不过，老实说，敌人也要对我的问题作周详的考虑，今天谁不清楚敌人，而敌人又何尝不了解自己？我有时默默的呼喊——“有本领就来吧！！！看你行〔幸〕运到几时！！”

我的事情如何，葵兄会告诉你。

这里我也来写写我的生活及我的环境，我这间屋有一百多人住，有时地下也睡得满满，尿缸便缸就在床的面前，自天亮到夜深后的人的气息笼罩下谈笑、看书、吃饭、睡觉。要是想运动下（也可以说是呼吸新鲜空气），那就要去到门口那几根狱柱之前伸一伸，吸一吸。大约是因为人多缘故，未必吸的就是新鲜空气。

据说这屋有史以来死了几百人，单就在抗战胜利那年尾，当接收大员发接收财的时候，这里便饿死一百二十多人。

这间屋在一株老榕树下，树荫罩着整间屋顶，偏偏有一个猫头鹰住在这株榕树上，有时候叫像孩子叫；又据说这鸟一叫，屋里的人便要少一个。这当然是有点迷信，但据我在此住两个月，确然这鸟是一个凶兆。只要它一叫，就有事情发生……这里有许多动人的故事，但大多数是悲剧性的，有闲心又有写作自由的话，是可以赚些稿费的。

两个月我认识了不少朋友，搞熟了，我更不会苦恼，我每天都谈心，有时还开辩论会，有时也搓麻将，还有就是睡觉、吃饭。

我的吃饭问题，每餐有公家饭两小碗，没有菜，盐都没有，两餐仅可顶一餐用，所以我们自己煲一餐，食公家饭一餐，但每餐都要煲菜。不知怎样，在此我特肚饿，差不多每隔一晚便要煲夜饭食。我们食菜不限定，但足够营养，早几天我肥了些，前两天因伤风而微微地咳了两下，那也不成问题。

买东西实在受抵制，一言难尽。亲爱的，这便是狱中的地狱。

我的脚并没有伤过，被俘时胸前被打，微肿也好了，我的亲爱的镣铐虽然常常跟住我，那是不要紧的，勿念。

高兄想来看我，其意值得我感激，但是千万不要如此，不论高兄也好，别的朋友也好，这是不必要的。我不是娇娇滴滴的人，葵兄来我已经替他担心了，以后有东西可交超群兄的妈便得了。

不必再买什么补药，我不应有此享受，实在比我更辛苦的朋友还有，前方和后方的。

大约我每月要15元至20元左右。但若果实际穷苦的朋友，不必向他们求捐，我有何功？敢受此礼哟，谢谢他们，就是有钱的朋友也应出其诚意，绝不能勉强。

所出版书，我真想看，可惜无得看，下回有人来，若然不是“禁书”，可以带来的。

克兄等定然有很多大作，可惜我看不到。我这里每天都有《大光报》看，但受检查，若有关我们的事或他们认为是我们看了有问题的都剪了下来。

三樽补酒，我食维他命，另二樽未开动。在此也不能自私的，所以我准备若然绝粮，可以换米。

话，特别是我要说的，写不胜写，还是停下来，我希望此信能顺利到你手，另附上一些我来后的日记，我还未复看过，或者不达意之处。

祝你：

健快！

弟上

明天是我生辰（旧历三月初九）。

葵兄来刚刚两个月，他正是二十八来的，你替我感谢他，他似乎瘦了些。

背景说明

李卡自幼读书聪明，为人活泼，在学校期间追求进步，从事革命活动。他会写诗，善讲演，还能演话剧、唱歌曲、办报搞宣传。有一次他在晚会上演唱一首《古怪歌》，因表演风趣古怪，大家便称他“古怪李”。他25岁参加中国共产党，挑起革命重担，转战粤海南北，巧妙对付敌人。

1948年，李卡被组织派往粤北曲（江）南游击队，任武工队队长、曲南工委会主任等职。他带领同志在翁源、曲江一带开展游击活动，打击国民党和地方反动武装自卫队。

李卡曾奉命带领十多个武工队员在平垌山区机智周旋，出其不意地袭击敌人，连续打了几次胜仗。“古怪李”遂成为让敌人感到神秘而可怕的传奇人物。李卡还很注意在敌人中做分化瓦解工作。他经常突然出现在乡、保长面前，晓以大义，明以事理。一些乡、保长接受教育后，改变敌对的态度，使游击区的地盘不断扩大。李卡在这一带的威望也越来越高。

1949年1月，李卡和战友梁坤在沙溪宝山村一带活动被国民党自卫队包围，他立即将文件撕毁，塞进嘴里。随后二人被捕入狱，遭遇严格的审讯。

在狱中，李卡坚持写日记，给朋友写信，通过日记、信件抒发自己热爱党、热爱人民、热爱革命事业的情感和对革命必胜的信心。信一写于3月9日，这是他从狱中写给徐云的第一封信。云姊就是指他的未婚妻徐云，又名徐可，下述的姐姐、云兄均指徐云。池是李卡的别名。他在给朋友的遗书中写道：“我不过是大海中的一滴水，平原上的一株草。大海无干旱之日，烈火亦无烧尽野草之时。我走了，太阳我带不走，你跟着它永远地跟着它呀！”

每次审讯，李卡都以事实给敌人以无情的揭露和辛辣的讽刺，弄得到敌人狼狈不堪，无计可施。1949年9月，李卡和战友梁坤英勇就义。

至今，在烈士的家乡仍流传着“古怪李”的故事，人们还爱传诵他在狱中写给朋友的遗书：“朋友，我们这一代就是施肥的一代，用自己的血灌溉实现的乐园，让人类享受人类应有的一切幸福，这就是我们这一代的任务，是光荣不过的事业，死就是为了这，而生亦有生的努力方向……”

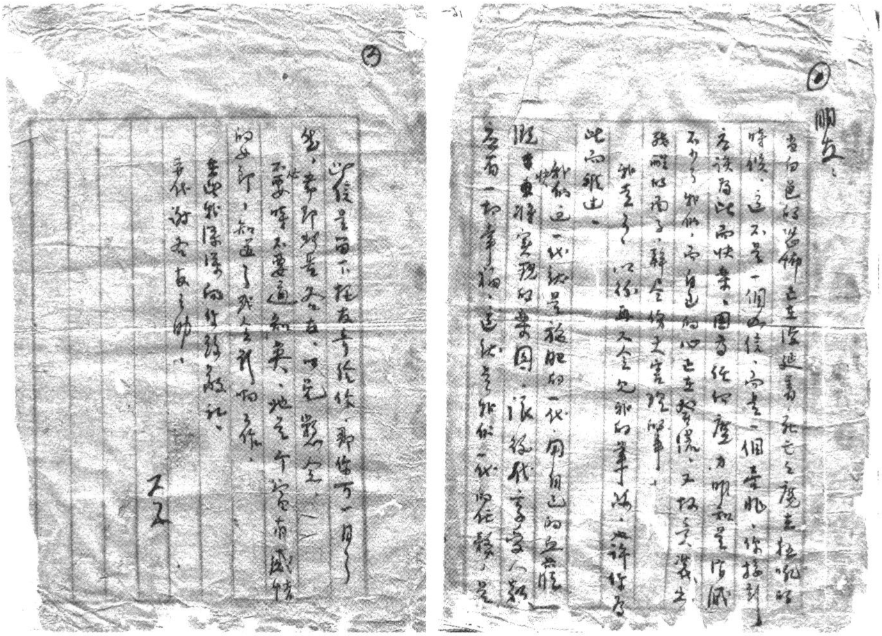

李卡遗书

王芝萍 (1924—1951)

原名王福坚，广东梅县区人。1949年参加中国人民解放军，后入役中国人民解放军南京汽车三十一团。1951年2月随部队参加志愿军抗美援朝，编入中国人民志愿军汽车四十五团，后改番号为志愿军汽车暂编第二团三连，主要负责向前线运送物资，运输繁重。同年6月底在一次执行往金川前线输送物资任务的途中，遭敌机轰炸，血洒异国，年仅27岁。

待朝鲜战争决战胜利之后，我当晓返里

希弟今后多与大人解释，目前形势严重，切勿使他老人家伤心挂虑，待朝鲜战争决战胜利之后，我当晓返里，一行侍奉堂上双亲。

从朝鲜寄回的最后家书

1951年6月18日

梅弟：

前投之信，想有收妥。至今未见覆示，谅必我的通讯住址写错。邮局无法投递。现在我们自六月一日已改编为二团，希弟今后覆示时即投“东北军区后勤运输部汽车第二团三连”可也。我们由四月起已调前方工作月余，现在刚由前方回来，任务仍是繁重，很少休息时间，你若有遐〔暇〕时多来信，示知家中一切情况，俾我远念。我们生活现在过的很好，经常都可以吃到大米饭，同时可以吃点肉。至于身体方面，自己当晓保重，只因水土不合关系，有时不免患些小毛病，但无甚关碍，仍然可以照常工作。

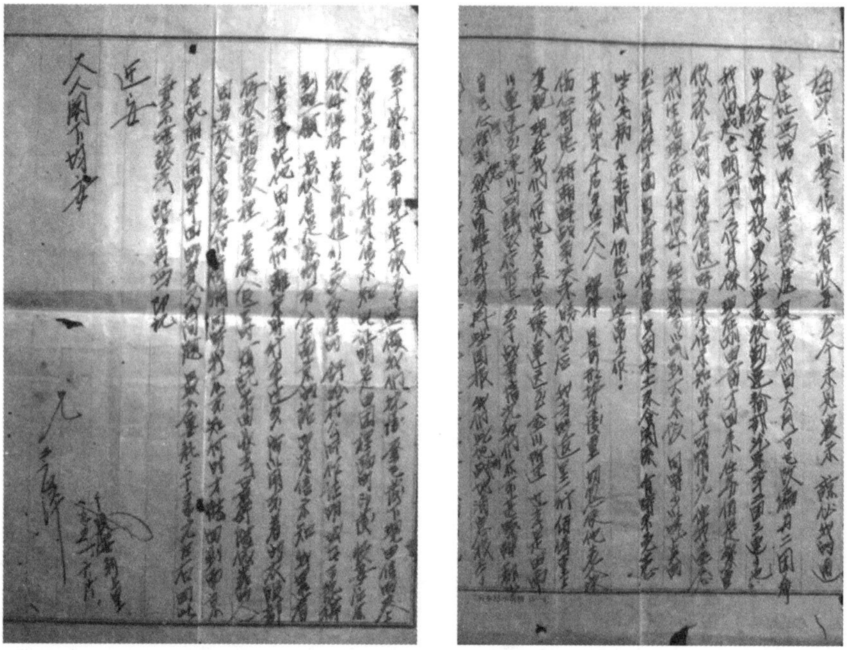

王芝萍从朝鲜寄回的最后家书

其次，希弟今后多与大人解释，目前形势严重，切勿使他老人家伤心挂虑，待朝鲜战争决战胜利之后，我当晓返里，一行侍奉堂上双亲。现在我们工作地点是由平壤运送至金川附近，世孝是由南川运送至连川国议政府附近，至于战争情况，我们亦不甚了解，都以自己心里推测，您欲须明确，不妨多寄些图报。我们此地对战地消息根本就没有听说。因为接近战地，恐怕扰乱兵心，思想起暴动而已。

至于家属证事，现在上级为了照顾我们，抗属证已发下，现由信内夹上。希弟见信后千祈来信示知。此证明是由团里临时印发，收妥后亦很好保存，若家乡进行土改分产时，拿给村公所做证明，或者可能得到照顾。最后若是家乡有人在南京的话，即来信示知，我还有存放在朋友家里，若使人返里时，烦托带回家去（最好能依靠的人），因为放久东西，恐怕腐烂，同时我亦不知何时才能回到南京。若托朋友用邮寄回，邮资又成问题，最少要耗三十六元左右，因此就不堪设法，以后再写。

即祝

近安!

大人阁下均安!

兄　芝萍

一九五一年　六、十八

于贤安新上里

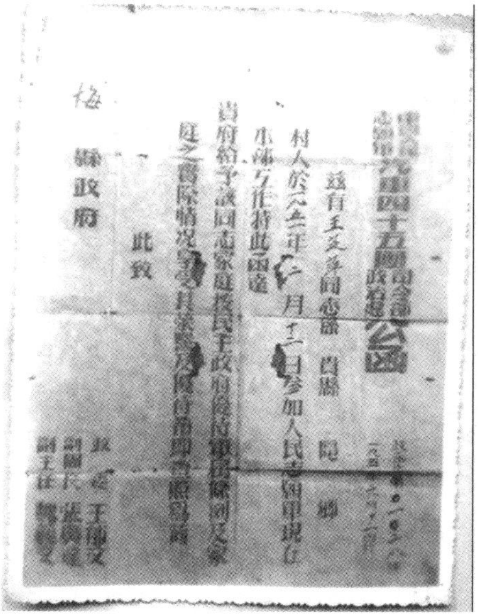

王芝萍的抗属证

背景说明

抗美援朝是1950年中国人民支援朝鲜人民抗击美国侵略的群众性运动。10月，中国人民志愿军赴朝作战，拉开了抗美援朝战争的序幕。在抗美援朝战争中，志愿军得到了解放军全军和中国全国人民的全力支持。1953年7月，双方签订《朝鲜停战协定》，抗美援朝胜利结束。

王芝萍参加中国人民解放军后，入役中国人民解放军南京汽车三十一团。朝鲜战争爆发后，1951年1月华东军区各部队抽调人员组成团部，同年2月王芝萍随部队参加志愿军抗美援朝，被编入中国人民志愿军番号为汽车四十五团。团政委王郁文、副团长张广达、参谋长薛才如率3个汽车连和修理连一部去东线执行任务，全团588人。后改番号为志愿军汽车暂编第二团的三连运输工作。主要任务负责向前线运输送物资。主要运送范围从朝鲜南川到连川、平壤至金川附近。金川位于朝鲜开城以北，西隔礼成江与黄海南道相望。当时战事激烈，运输繁重。6月底在一次执行往金川前线运输送物资任务途中，王芝萍遭遇到敌机投弹击中，壮烈牺牲。

这封信是王芝萍从朝鲜寄回的家书。远征异域，他对家中事务有很多挂念、关心，最后希望通过“抗属证”让家里得到些“特殊照顾”，我们完全可以认为，他并不是出于一己之私，而是只身在外，不能侍奉双亲，希望对家庭有所补报的愧疚吧。

同时在当时战火纷飞、形式严重、任务繁重的恶劣环境下，他即便“水土不合”“患些小毛病”，却仍说“我们生活过的很好”，这正显示了一个革命者的乐观主义精神。

（供稿单位：梅州市梅县区委党史研究室）